Humanus-Cuauthémoc Rebelde
San Francisco-Mexico-New York

CINE POLÍTICO LATINOAMERICANO
ensayos críticos

Jorge Majfud

Cine político latinoamericano
Primera edición Berná 2004
© by Jorge Majfud
©Cuauthémoc Rebelde-Humanus
Humanus | humanus.info
Email: editor@humanus.info
ISBN: 978-1-7332081-4-7
Todos los derechos reservados. Ninguna parte de este libro puede ser reproducida o utilizada de ninguna forma ni por ningún medio-gráfico, electrónico o mecánico, incluyendo fotocopia o información y sistemas de recuperación, sin permiso escrito del propietario del copyright.

Índice

Memorias del olvido 7
El mégano 48
Memorias del Subdesarrollo 53
La muerte de un burócrata 61
Lucía 71
El crimen del padre Amaro 83
El hijo de la novia 107
Fresa y Chocolate 123
La virgen de los Sicarios 133
Rojo amanecer 153
La vendedora de rosas 179
Tiempo de revancha 185
Diarios de motocicleta 195
Retrato de Teresa 205
Lejanías 213
Havana 221
Balseros 237
Historias mínimas 271

Memorias del olvido

Utopía, resistencia y desesperanza
(1968-2003)

"La simple existencia de una película latinoamericana es ya un acto de resistencia"
Ignacio Ramonet, *Le Monde Diplomatique*, 2003

I. Introducción

El prostíbulo y el compromiso social

Irwin R. Blacker, profesor de famosos guionistas como Bob Gale[1], en su guía para la creación de películas exitosas, escribió: *"The premise is the basis of the conflict. The premise must be clear to the writer before he begins to write"*. (Blacker, 6) *"The viewer needs to know why a character acts as he does —his motivation. There must be a logical inevitability to his actions. What he does may be surprising, but when considered, it must make sense, it must be rational"* (35) The viewer has been watching to see how the conflict will be resolved. He may not like an unhappy resolution, but he will like it considerably more than no resolution. (15).

---

[1] Bob Gale, guionista de *Back to the Future*.

La preocupación del *cómo* se hace una película es propia de los escritores, productores y directores de Hollywood. Un buen *cómo* —y, con éste, la estrella— nos garantiza éxito —ventas, rentabilidad, ganancias—. Sin embargo, la preocupación del Nuevo Cine Latinoamericano ha sido, si bien no en su totalidad, por lo menos como característica identificatoria, una mayor preocupación sobre el *por qué* y el *para qué*. Si el *cómo* interroga las técnicas de realización de una película y mantiene un diálogo complaciente con su público, el *por qué* interrogará las relaciones de poder, sosteniendo un diálogo crítico y acusador con la sociedad de la cual forma parte. El *cómo* necesita crear un conflicto y resolverlo en la misma sala de proyección, de igual forma como el sexo se inicia y culmina en un prostíbulo. De ahí en más, el cliente saldrá satisfecho y repuesto para la producción, sin llevarse mayores recuerdos de la mujer que fingió amar. Diferente, el *por qué* no procura la invención de un conflicto ni su resolución dentro de la sala de proyección, ya que supone que ese conflicto es anterior a su escritura y existe actualmente en la sociedad—las relaciones de dominación, la reflexión ética, el historicismo, la lucha de clases, las ideologías transparentes, etc. Por lo tanto, el conflicto *deberá ser resuelto fuera* de la sala oscura. En algunos casos se proponen soluciones; en otros se reconoce la imposibilidad de las mismas—desde el arte—y sólo se limitan a la exposición de una determinada problemática social e individual.

Si bien toda película tiene un *por qué*, ya que se produce en un determinado contexto ideológico —Mas'ud Zavarzaeh—, no todas ejercitan la incómoda virtud de la autorreflexión. Las películas que se originan sobre la base de un brillante *cómo*, generalmente reproducen su contexto ideológico de una forma transparente. Sin un esfuerzo de ajuste ocular —ajuste "crítico", para el cual generalmente no está predispuesto— el espectador nunca podrá percibirlo. Al igual que otras tradiciones del cine europeo, el Nuevo Cine Latinoamericano nació y se desarrolló con la voluntad de lecturas múltiples, muchas de las cuales consistían en una mirada crítica al propio contexto ideológico, las relaciones de poder que estructuran las sociedades de las cuales surge. Inevitablemente, su semiótica tenía que ser abierta, interrogativa. No puede haber resolución final —orgasmo ideológico— porque el mismo no se circunscribe a las reglas propias del arte. Su mayor virtud es la interrogación, la trascendencia más allá del hecho cinematográfico: el rescate de la memoria colectiva. Pero no hay memoria colectiva sin crítica, ya que en su construcción intervienen otras narraciones, un contrapunto muchas veces perverso con el olvido especializado.

Con esta voluntad, para este ejercicio intelectual, recurrió a muchos elementos, a diversas revisiones. Una de ellas, como no podía ser de otra forma, ha estado referida a una desgarrada obsesión latinoamericana: la memoria.

En estas notas rastrearé el dramático proceso de transformación que ha sufrido la memoria colectiva en América

Latina a través de alguna de sus películas más celebradas y resistidas. Parece evidente la existencia de tres etapas importantes:

> I. *Tiempo de la utopía social.*
> II. *Tiempo de la resistencia y la denuncia.*
> III. *Tiempo de la derrota y el nihilismo.*

Cada etapa, como no podía ser de otra forma, se relaciona con las ideologías en pugna por el poder.

El proceso mostrará, además, la evolución de una derrota que va desde la acción hasta los aspectos anímicos e ideológicos. Sin embargo, no se circunscribe únicamente a un número de realizadores cinematográficos con particularidades ideológicas, sino que se extiende al contexto social desde donde surge.

En resumen, este dramático proceso, social y artístico, no será otra cosa que el diálogo desigual de la región —América Latina— con el centro ideológico, económico y militar del mundo. La propia identidad latinoamericana se define en función de sus hermanos mayores, de forma conflictiva, con resabio y admiración, con demostraciones de rebeldía y sometimiento, de joven madurez y de amnesia senil.

II. De la Utopía a la Resistencia

Poco antes de iniciarse la década del "fin de la historia", Alfredo Guevara decía: "En 1967 no apreciábamos contradicción posible entre arte y militancia, palabra esta última de contextos y subtextos que indebidamente la igualaban a una desmedulante rutina anti-artística" (Cuadernos de Cine Número 33, 7). Por esos mismos días, cuando tuvo lugar en La Habana el IX Festival Internacional del Nuevo Cine Latinoamericano, Paul Ledux, de México, decía: "Y si Becht escribía hace años 'Qué tiempos estos en que resulta criminal hablar de la belleza de los árboles', propusieron cambiar la frase de aquel alemán exiliado en Hollywood y hacer que se hablara sólo de la belleza de los árboles" Más adelante, parafraseando al cuento más breve de la historia, de Monterroso, advierte sobre un presente que no es más que la continuación miserable del pasado: "Y cuando despertó, la miseria aún estaba visible en la ventana". (22, 23)

Significativo fue, también, lo que expresó Miguel Littin, de Chile. En esa oportunidad recordó el primer y ahora mítico Festival de Viña del Mar (1967), donde él mismo había proclamado: "El cine en América Latina no debe seguir el camino europeo o norteamericano. Éste no es un festival de estrellas sino de realizaciones". (35)

La "estrella" es un producto de la burguesía, del consumismo capitalista, de la idolatría fetichista y la desmemoria, mientras que las "realizaciones", ese cine experimental y de autor, debería ser crítico y revolucionario. Sin embargo, el mismo Littin reconoce, no sin nostalgia de viejo: "en 1967 y en 1969 nuestros sueños no tenían límites, nuestra aspiración era la revolución total, nuestro espíritu estallaba en utopías; el triunfo revolucionario parecía estar al alcance de la mano". (36)

La amenaza de la desmovilización y el olvido se deja entrever en las palabras de Jorge Sanjinés, de Bolivia: "No se trata de insuflar de 'religiosidad política' al pujante Nuevo Cine Latinoamericano. Nada de eso, simplemente de no perder, en ningún momento la conciencia del grave momento histórico que vivimos en nuestros países, no perder ni un momento la conciencia del sufrimiento colectivo que padecen nuestros pueblos, porque de esa conciencia sacaremos fuerza, sacaremos la voluntad de oponernos, con lo que tenemos a mano... [Debemos] reestablecer el carácter verdaderamente antiimperialista del Nuevo Cine Latinoamericano. No tenemos que avergonzarnos hoy día de haber esgrimido ese postulado antes." (55)

Aquí ya no se trata de alcanzar la utopía, la revolución, el estado ideal de una sociedad futura, sino de no sucumbir al caos, a la extensa derrota, *al olvido*. Lo que será confirmado por Carlos Rebolledo, de Venezuela: "Estamos en un período histórico de acumulación de frustración colectiva" (74). Como parte de la desmemoria, entendemos la observación de un europeo, Peter B. Schumann, de lo que entonces era la República Federal de Alemania: "¿Cómo se explica, entonces, que hoy casi no haya películas políticas radicales, ni siquiera documentales, aquí en América

Latina, donde las contradicciones de clase son más agudas, donde el hambre es aún más grande, la represión más violenta, la explotación más devastadora? [...] ¿Dónde están las películas que encienden la mecha, como lo hiciera la tercera parte de *La hora de los hornos*? [...] Por lo demás, en las democracias que se han expandido en América Latina se reconoce entre los cineastas más bien una voluntad social democrática de transformación en lugar de un fuego revolucionario" (109). Lo cual no es extraño, ya que el cine, si bien podría considerarse, como todo arte, una vanguardia de las movilizaciones sociales, un instrumento crítico y acusador, es también un reflejo de la sociedad en la que está inmerso.

Para terminar, Julio García Espinosa, de Cuba, recordó: "nosotros defendemos un cine que se concilie con la poesía y con la militancia. Porque el arte, compañeros, como todos sabemos [...] lo mismo se encuentra en los apocalípticos que en los integrados [...] en los reaccionarios que en los revolucionarios" (140).

En este breve periodo de tiempo, podremos apreciar la metamorfosis de la memoria y la esperanza, desde la confianza militante[2] de *La hora de los hornos* (Argentina,

---

[2] Recientemente, Francisco Gómez Tarín (Gómez, 6) anotó que cuando hablamos de "cine revolucionario" en América Latina, no nos referimos a una revolución puramente artística —como podrían serlo gran parte de las vanguardias europeas de principios de siglo XX— sino de un cine de intervención.

Solanas y Getino, 1968) al escepticismo nihilista de *La vendedora de rosas* (Colombia, Gaviria, 1998), treinta años después.

III. Memoria para la Utopía

Sin memoria no hay conciencia. Por lo tanto, la memoria jugará un papel decisivo en este periodo que va desde la Utopía a la Resignación. En *Memorias del subdesarrollo* de Tomas Gutiérrez Alea (Cuba, 1968) la dialéctica del *olvido-memoria* cobra una trascendencia política y económica que estructura todo el discurso-reflexión de la misma. Después de retratar la sicología de Elena durante varias escenas, Gutiérrez Alea recurre a la reflexión directa del protagonista, Sergio, para que termine de explicar, de forma por demás directa, lo que se venía presintiendo desde mucho antes: *Elena es América Latina*, esa mujer inconstante, inestable, que no llega nunca a madurar en su carácter. Mientras vamos viendo un resumen de sus actitudes físicas, de sus gestos, Sergio se lamenta de su incapacidad de consecuencia, de consistencia, de acumular experiencia. Los cubanos —los latinoamericanos— se adaptan al momento. Elena es la imagen del subdesarrollo —lo opuesto a Hanna, la alemana que huye del régimen nazi—: es incapaz de sostener un sentimiento, y en esta idea hay un fuerte olor a tinta nietzscheana, a su recurrencia de la voluntad, del carácter, del instinto como estado de la madurez. Tampoco el carácter del pueblo ha llegado a la madurez. Es más, se resiste. En el juicio por abuso sexual por parte de Elena y de su familia, Sergio es absuelto por la justicia formal, pero ha salido derrotado de su experiencia con la familia de Elena (el pueblo), la que ha mostrado toda la fuerza de la rigidez cultural. "Yo he visto demasiado para ser inocente—reflexiona el protagonista—; ellos tienen demasiada oscuridad en la cabeza para ser culpables".

Décadas después, en pleno período de desesperanza, en *Mujer transparente* (Cuba, 1990) —recurriendo al contraste y al *flashback*— se hará patética esta desmemoria responsable del fracaso: aquellos que en tiempos de la utopía huían al exilio eran calificados de "escoria humana" o, simplemente, de "gusanos", ahora volvían en forma de turistas y eran considerados "de primera clase". Los cubanos, como la protagonista, no sólo no tenían acceso a espacios reservados para los antiguos gusanos, sino que donde estaban eran tratados con desprecio —por sus propios compatriotas, por los empleados de esos espacios. ¿Cómo era posible esto sino gracias a una impúdica desmemoria?

También en *Eva Perón* (Argentina, 1996) la protagonista, al enfrentarse a los obreros, a su pueblo, recurre al juego memoria-olvido: los obreros que le hacen una huelga a Perón olvidaron los beneficios que obtuvieron de él, lo que los hará débiles o incapaces de continuar la "revolución". También el olvido de la opresión oligarca amenaza este proyecto.

IV. Desmemoria para el Fin de la Historia

El poder de las clases dominantes no es tal si su contraparte dominada no reconoce la relación simbólica —que es anterior a la material— que los une y, por ende, debe alimentar permanentemente el símbolo. El poder no necesita de argumentos para sostenerse, pero los argumentos pueden amenazarlo.

A su vez, esa relación simbólica se asienta, sobre todo, en una determinada ética y en una determinada creencia. La creencia puede ser religiosa o materialista; en ambos casos, es una promesa sobre un logro futuro, ya sea la conquista de la felicidad o la salvación de la catástrofe. Estas creencias, materialistas o religiosas, son las que hace a los humanos seres únicos en la naturaleza: su presente no se explica únicamente por su pasado sino, sobre todo, por su futuro. Estamos hoy aquí no sólo porque ayer viajamos en esta dirección, sino, sobre todo, porque mañana pensamos dirigirnos a alguna otra—nuestro presente tiene una *intención*.

Pero el futuro también está hecho de pasado, tanto como el pasado está hecho de futuro —de utopías. Dominar —acción propia del presente— significa *controlar* tanto el pasado como el futuro. Y en ambos casos la memoria es el objetivo, la materia prima con la cual la ideología dominante trabajará. Esto es, la memoria debe ser construida *para un determinado fin*; y construir significa seleccionar, modificar, ubicar, limpiar y desechar.

V. En búsqueda de la memoria perdida

En Latinoamérica, el Arte y el Poder son enemigos. Por lo menos cuando hablamos de Arte y Poder con mayúsculas. Mientras que los crímenes y genocidios, las desapariciones y las violaciones se perpetuaron en el silencio de la Justicia e, incluso, de las sociedades, el arte —principalmente la literatura y el cine— han tomado el desafío de recordar. Bastaría con recordar algunas películas representativas en países donde la impunidad ha marcado la conciencia —o inconciencia— de la sociedad. En este caso, sólo algunas de las películas más vistas y comentadas que se produjeron en Argentina después de la última dictadura militar (1976-1983): *La historia oficial*[3] (Puenzo, 1985), *Hay unos tipos abajo* (Alfaro y Filippelli, 1985), *La noche de los lápices* (Olivera, 1986), *La república perdida* (Pérez, 1986), *La deuda interna* (Pereira, 1988), *La amiga* (1989), *El lado oscuro* (Suárez, 1992), *1977, casa tomada* (Pilotti, 1997), *Por esos ojos* (Arijón y Martínez, 1997), *Garage Olimpo* (Bechis, 1999), *Botín de Guerra* (Blaustein, 1999), *Operación Walsh*

---

[3] Premio Oscar.

(Gordillo, 2000), *Ni vivo ni muerto* (Ruiz, 2001), *Kamchatka*, etc.

La relación de la historia y la memoria es compleja y conflictiva en cualquier sociedad y, probablemente, lo es aún más en sociedades como la rioplatense. Especialmente cuando sus historias más recientes están atravesadas por las peores violaciones a los Derechos Humanos que las Buenas Costumbres pretendieron ocultar detrás del Orden Salvador.

Pero, ¿qué recordar y qué olvidar? ¿Es bueno recordar o sólo sirve para atarnos al pasado? Hasta el momento, preguntas de este género no han sido nunca consideradas desde el discurso oficial y público sin una fuerte dosis de carga ideológica. En ocasiones, la izquierda política se ha servido de la memoria para su propia reivindicación; por otro lado, la derecha—autodefinida, no sin razón, como eterno "centro"—ha manipulado el olvido como forma de aumentar su radio de dominación económica, bajo la amenaza del "regreso al desorden" que, contradiciendo a la bandera brasileña, nos impida alcanzar el "progreso". Y en esta carrera hacia el progreso —confundido sistemáticamente con el modelo materialista del primer mundo— todo es válido. *Incluso el olvido.*

VI. Ideología del olvido

Mariana Pianca, en *La política de la dislocación (o retorno a la memoria del futuro)*, nos recuerda que esta ideología del olvido —reconocible en la posmodernidad y, sobre todo, con la aparición meteórica de los legitimadores del poder, del orden actual, del orden inevitable, del mejor de los mundos posible, de F. Fukuyama— no es una novedad, sino que había sido advertida ya en 1966 por Ángel Rama[4] bajo el nombre de "apaciguamiento ideológico" (Pianca 118).

En el caso del Río de la Plata, el olvido fue organizado por la clase política y confirmado, de alguna forma, por la resignación de gran parte de la población. En Argentina se llamó "Punto Final", e incluyó el clásico perdón que en sociedades inmaduras, o con tendencia a la hipocresía, está reservado siempre para mayoristas del crimen organizado. En Uruguay ni siquiera existió la oportunidad de iniciar juicios contra los violadores de los Derechos Humanos, ya que una previa ley de amnistía a los subversivos debía legitimar una amnistía posterior a los militares, la que llegó con la ley de Caducidad Punitiva del Estado, la cual fue confirmada por la población en un referéndum que dividió al país en

---

[4] Ángel Rama, revista Marcha, Montevideo 20 de mayo 1966. Citado por Marina Pianca en *La política de la dislocación (o retorno a la memoria del futuro)*, en *Memoria colectiva y Políticas del olvido*, Argentina y Uruguay, 1970-1990. Beatriz Viterbo Editora, Buenos Aires, 1997.

dos. También aquí se podría aplicar las palabras de Marina Pianca: "Los que continuaron tercamente preguntando, indagando, parecieron señalados como arqueólogos subversivos, desenterradores de muertos o, simplemente, provocadores" (130).

Mariana Pianca dice, recordando a Eduardo Grünter, que vivimos en un mundo que se construye y deconstruye a partir de "hechos discursivos". Cuando "percepción" y "hecho discursivo" entran en contradicción, vence el hecho discursivo, dado que tales hechos discursivos han sido legitimados por sectores hegemónicos que han logrado equiparar dicho discurso con la idea de desarrollo, de progreso, de éxito. Siguiendo a Grünter, coincidimos plenamente: "la victoria de una cultura y una ideología dominante es tanto más poderosa en la medida en que el proceso de su imposición haya pasado desapercibido" (123). Esta ideología del olvido —reconocible en la posmodernidad y, sobre todo, con la aparición meteórica de los legitimadores del poder, del orden actual, del orden inevitable, del mejor de los mundos posible de F. Fukuyama— no es una novedad, sino que había sido advertida ya en 1966 por Ángel Rama[5].

Esta dialéctica es una de las bases de la dominación moral de nuestras sociedades. Pero la estructura de esta dominación es compleja y está compuesta por distintos niveles,

---

[5] Revista *Marcha*, Montevideo 20 de mayo 1966: reflexiones sobre el "apaciguamiento ideológico".

por esferas de dominio que no siempre son concéntricas, no siempre coinciden y, por lo general, se yuxtaponen.

Dos de estas esferas, quizás las más importantes para comprender a nuestras sociedades, se refieren a la cultura y a la ideología.

Veámoslo un instante, más de cerca.

La primera (la cultura) forma y refleja la *sensibilidad* de los pueblos, es objeto y sujeto al mismo tiempo; la segunda (la ideología) enmarca y, en ocasiones, dirige el *pensamiento* que se traduce luego en una acción de organización con fines específicos. Que sepamos, hasta ahora, toda ideología ha servido los intereses de un determinado grupo social en desmedro de otro, lo que tal vez es una antigua herencia de las guerras intertribales y de la insoslayable lucha de clases. Ricos sobre pobres, hombres sobre mujeres, blancos sobre negros, etc.

Podemos pensar que una ideología tiene por objetivo la conquista del poder social, el control y dominio en el proceso de evolución del espíritu humano. (En otro momento hemos hecho la categorización de "espíritu" como la presencia del "otro" en el individuo y en la sociedad al mismo tiempo. Sin el otro —vivo o muerto— no hay espíritu humano. El "yo humano" es la composición de la herencia social e histórica, es decir, cultural; el "yo animal" —físico y psicológico— es lo único verdaderamente individual que poseemos los seres humanos).

A su vez, el poder es el principal narrador de la historia. Su narración describe sus propios actos y los predice; los provoca. A la ideología dominante (aquella que ha conseguido monopolizar el poder) se opondrán ideologías de resistencia, las que, por lo general, deberán recurrir al mismo instrumento: *la moral*, base legitimadora de cualquier empresa, justa o injusta, democrática o despótica, pacífica o guerrera. Por supuesto que quiero decir que también la ética es una construcción ideológica. Sin embargo, y en base a determinados principios morales, podríamos llegar a decir que la mejor de las ideologías posibles sería aquella que oprimiese al menor número de personas en beneficio del número mayor [*coeficiente ideológico* tendiente a cero: $Ik=(Im/Imx); Ik \neq 0, Ik \rightarrow 0$].

Por absoluto que fuese, el poder nunca actuó sin una legitimación ética, ya sea poder religioso, económico, financiero, político o militar. Para el poder absoluto, de nada importa la racionalidad o la justicia ética de un determinado discurso legitimador: lo que importa es que el discurso ético sirva a sus intereses. Cuando deja de servirle, simplemente lo pasa por encima con un nuevo discurso. Los que sufren o resisten este poder, sólo les quedará la posibilidad de recurrir a la razón y a la construcción de una justicia, es decir, a un nuevo discurso basado en los principios construidos por la historia —para nuestro tiempo: democracia, libertad, igualdad, fraternidad. El poder dominante procurará integrar estos principios a su discurso, pero nunca a su acción, ya que por regla general interfieren con sus intereses. Y éstos siempre estarán primeros.

A la cultura le corresponde organizar el lenguaje semiótico, instrumento omnipresente que es monopolizado por la ideología dominante. Y todos sabemos que no hay nada más difícil de ver que aquello que se encuentra en todas partes.

A la ideología dominante le corresponderá la articulación de un discurso que establezca cuál es el bien y cuál es el mal (es decir, en nuestro tiempo, el progreso y el fracaso, el orden y la violencia, lo patriótico y lo antipatriótico, el héroe de guerra y el terrorista, etc.) A la cultura, en cambio, la corresponderá el papel de traducir ese discurso al lenguaje local —cuando la ideología procede de afuera—, o deberá expandirla por toda la comunidad internacional —cuando el discurso procede de un sector interior de la misma—. Por lo general, el principal instrumento transmisor de este discurso es la clase dirigente, en primer lugar, y la clase política, en segundo. El disidente se puede encontrar dentro de este segundo grupo, pero difícilmente logre infiltrarse con alguna posibilidad dentro de los primeros, sin correr el riesgo de ser absorbido o expulsado por su fuerza. Como lo desarrolla Mas'ud Zavarzaeh, el disidente terminará por formar parte de la tradición; al no significar una crítica material al orden imperante, se transformará en parte integrada del mismo[6] (Zavarzaeh 152 y 225).

---

[6] "People may 'dissent', but dissent, it is implied, is really a form of adolescent political tantrums: one grows up and recovers from it or one regresses into life-long infantilism and is thus banished from the society of

Apropiándose del material de la cultura —de la tradición—, el discurso del éxito —de lo eternamente nuevo— deberá ser identificado con los personajes que en el pasado fueron figuras positivas para la cultura actual, personajes que, a su vez, fueron dibujados por la misma ideología imperante o por una ideología dominante pasada. Así, cuando la ideología del varón dominante se ve debilitada por un discurso contestatario femenino —marxista—, la ideología hegemónica procurará apropiarse de dicho discurso en beneficio propio. De esa forma, los hombres, en ocasiones y en la dosis justa, son reemplazados por mujeres, pero la dominación —económica, religiosa y financiera— de una determinada clase se mantiene. Lo mismo ocurrirá con la reivindicación de los negros. Seremos testigos de un espectáculo obsceno: el reemplazo de hombres blancos, de algunos sectores más visibles del poder, por mujeres negras. Los íconos culturales de la posmodernidad cambian al mismo tiempo que la estructura de dominación se mantiene: las masas de poblaciones negras continúan sumergidas en los extractos más bajos de las sociedades, disimuladas por brillantes excepciones públicas.

---

adults. (pg. 152) [Dissent] is ineffective because it is an idealistic distancing from the existing institutions of capitalism and not a materialist critique of its operations nor an intervention in its economic order and class organizations of culture." Mas'ud Zavarzaeh, Seeing Films Politically, pg. 169. State University of New York Press, Albany, 1991. (pag. 255)

Para mantener una antigua estructura de explotación y dominación, identificándose al mismo tiempo con la modernidad, el progreso y el éxito, el capitalismo posmoderno debe manipular los recursos culturales con los que cuenta a cada instante. Debe trascender los límites de su propia región cultural, identificándose con la Libertad, la Justicia, el Bien y la Seguridad. Sus valores deben presentarse como universales, no importa sobre qué cultura, sobre qué religión extienda su Ley. Y, sobre todo, debe convencernos de que no hay alternativa a su modelo.

Pero sí la hay. Es la Sociedad Desobediente.

Sin embargo, la alternativa a una ideología dominante no es una ideología opositora que busque destronar a la primera para imponerse, a su vez, en el trono, en el centro, como fue el proyecto marxista. También las ideologías resistentes, como puede serlo el feminismo, terminan por inmovilizar el valor crítico de los individuos en beneficio de un aparato bélico. Es probable que esa construcción que llamamos Sociedad Desobediente termine por desaparecer a manos de las Fuerzas del Orden o cobre las características de una ideología. Pero aún en este caso debería tomar conciencia y distancia de los prejuicios y perjuicios que esta transformación conlleva siempre: la disfunción del pensamiento libre, radicalmente crítico, indomable —eternamente joven, porque una sociedad madura tendrá un espíritu joven o volverá a la obediencia de su infancia; paradójicamente, a la obediencia de una nueva ideología.

Bertolt Brecht alguna vez dijo que "Si las vacas hablaran no existirían los mataderos" (Pianca 134). Yo creo que si las vacas hablaran igualmente existirían los mataderos, porque existiría una ideología que las condujera a donde los ganaderos quieren que éstas vayan. No existirían los mataderos, en cambio, si las vacas hablaran y no dejaran de cuestionar el discurso, la religión de los ganaderos. Para ellas, entonces, existiría una alternativa. ¿Cómo no habría de existir, entonces, una alternativa para los hombres y mujeres que, por lo general, son más inteligentes que las vacas?

VII. Éxito y Olvido, Ética y Memoria

En *Tiempo de revancha* (Adolfo Aristaran, 1981) nos ofrece una muestra de lo que podríamos llamar un "travestismo de la derrota", que refleja no sólo las preocupaciones del arte y la filmografía latinoamericana —anotadas al inicio de este trabajo—, sino también de la sociedad toda. En el personaje encarnado por Federico Luppi —*Bengoa*—, tenemos a un representante del margen absorbido, al mejor estilo clásico, por el centro —un exsindicalista que procura *borrar, limpiar, sanear su pasado* para lograr un puesto en una mina de cobre—. Por supuesto que ese centro se ha servido de un poder político despótico—la dictadura militar—, pero continúa actuando según sus mejores estrategias: la persuasión del discurso correcto, la ética de la "libre competencia", del progreso del individuo y de la

Nación. Sin embargo, esta transformación de la personalidad en un hombre ya canoso no podrá ser sostenida por mucho tiempo. Y éste presentimiento ya aparece como advertencia en su padre: "Un día te van a provocar y vas a abrir la boca", lo cual constituye, además, una clave simbólica de la película: *abrir la boca para alzar la voz de protesta ha traído hasta entonces más injusticia, represión y derrota.* El margen no puede usar las mismas estrategias que el centro, porque el centro lo hace mejor, su voz es más fuerte y, lo que es peor, es más verosímil, más "centrada", más "realista" y "madura"[7].

Tiempo de revancha culmina con una escena más simbólica que verosímil, pero necesaria: el protagonista triunfa y pronuncia una sola palabra en la ducha, en un espacio íntimo: "ganamos". Pero luego de advertir que el enemigo permanece amenazante —ha sido ofendido pero no destruido—, se corta la lengua con la frialdad de un cirujano. La lengua no le sirvió para salvarse sino, por el contrario, terminó por someterlo y esclavizarlo. Por si fuese poco, su integración a la órbita del centro ideológico había sido gracias a su lengua. Con ella había mentido y ocultado su pasado. No la había necesitado para derrotar al poder, para reivindicarse como hombre ético, para honrar su memoria y justificar su propia existencia, pero por ella podría volver

---

[7] "Soy un angelito —dice el viejo amigo—. No protesto. Hay que morfar. Yo les sigo el juego. No hablés, no protestés. Esto es el infierno".

a caer. Como dijo su padre al comienzo, un día iba a decir lo que no debía y volvería a perderse.

Tiempo de revancha está estructurada como una película clásica de género policial. Sin embargo, no debemos incluirla en el vasto grupo compuesto por el juego razonable, vulgar y clásico del género anglosajón. Como tantas otras realizaciones del cine latinoamericano, su épica consiste en ver su propia sociedad desde el margen. Sus defectos muchas veces son la crítica, el cuestionamiento y la incomprensión del mercado. Su mayor virtud, quizá, sea haber logrado una magnífica metáfora sobre la dialéctica del poder, una dura y ácida ironía de la lucha de clases.

Desde otro punto de vista, y no desde la tragedia de los años oscuros de las dictaduras sino desde la resignación de los integrados, podemos considerar a *El hijo de la novia* (Juan José Campanella, 2001) Aquí se expresa de forma más explícita el conflicto entre éxito económico y desmemoria, entre integración a la modernidad —o posmodernidad— del capitalismo consumista o la inquisición en la mala conciencia que ha olvidado. Quizás Norma Aleandro represente a la Argentina: ese pasado de inmigrante, casi romántico, hermoso, que se ha enfermado de olvido. Al mismo tiempo su hijo —los argentinos— luchan por lograr su reconocimiento y lo hace a través del olvido, sin que este mecanismo sea más efectivo que pernicioso.

El discurso del éxito, como lo llama Pianca (120), fue una marca profunda en la Argentina de los años '90, con su sueño de estar ya en el "primer mundo" —promesa del presidente Carlos Saúl Menem—. Es necesario olvidar para progresar, para evitar el conflicto, el pasado. En *El hijo de la novia* existe no sólo este conflicto de memoria-olvido sino también de tradición-modernidad. La tradición —la familia— está salpicada por elementos de la vida norteamericana, como lo son la exposición en primeros planos de *Burguer King* y de la *Coca-Cola*. Lo nuevo del primer mundo es la imagen de progreso que ha sido impuesta por una ideología dominante, una ideología del éxito y es, al mismo tiempo, el olvido como requisito previo.

De la misma forma que podemos entender el olvido o la desmemoria como un síntoma de decadencia senil, también podemos percibir, no la incapacidad de recordar sino la voluntad de no hacerlo, como un rasgo típico de la inmadurez.

Quizá sea en el personaje del vendedor —*Roberto*—, en *Historias mínimas* (Sorín, 2002) donde más patente se hace la idea de estar perdido en un *laberinto*: en un laberinto dialéctico, en un laberinto psicológico, en un laberinto físico —el vendedor ha recorrido más de dos millones de kilómetros—. Andar y recorrer sin parar no es ya una forma de conocimiento, de memorización, sino de olvido. Al igual que el trabajo compulsivo del protagonista de *El hijo de la novia*, el viaje interminable hacia ninguna parte del vendedor en *Historias mínimas,* es una actividad obsesiva que anestesia, que impide la memoria y la conciencia de nuestro origen y nuestros objetivos, como individuo y como sociedad. Lo que es confirmado, a cada momento, con su propia autodestrucción y la interminable serie de reiniciaos—adaptación a nuevos trabajos, sobrevivencia con nuevos proyectos que no se llevan a cabo o se frustran con la participación de su propio autor.

VIII. Tradición y nostalgia

En el caso de *El hijo de la novia* hay una sátira inicial al mundo contemporáneo representado, fundamentalmente, en la figura de Rafael (Darín) y la ya clásica relación de dependencia y alineación que éste mantiene con su teléfono celular.

Como no podía ser de otra forma, la sociedad se filtra en las historias familiares y personales, pero en este caso también lo hace de una forma consciente: la crisis económica argentina, la corrupción de las relaciones públicas, etc.

Sin embargo subsiste —y es razón de ese mismo conflicto— la tradición de la amistad y "la familia", acentuada en el Río de la Plata (concretamente Buenos Aires) por la tradición italiana. Los personajes pertenecen a una familia de inmigrantes italianos, típica.

Pero la crisis (o encrucijada) no sólo es económica sino que, además, representa un cambio en las relaciones personales. Las nuevas formas de vida se filtran entre las viejas para producir un cambio negativo, la mayoría de las veces. En *El hijo de la novia* ese cambio está representado por el estresante mundo de los negocios que exigen al hijo vivir por y para su trabajo, en contraste con el idílico mundo de su padre quien, junto con su madre, pudo iniciar el restaurante y desarrollarlo de forma romántica, entes que puramente materialista. Aun así, la locura de la carrera no es suficiente. Apenas da para no caerse en la crisis económica y ante la competencia foránea pero a un muy alto precio: la salud de Rafael y el deterioro de sus relaciones afectivas. Éstas, no sólo están representadas en su incapacidad de comunicación con sus parejas y su hija —la cual se siente ignorada—, sino también en su relación con su madre.

Sin embargo, aquí aparece otra dimensión de *El hijo de la novia*, la cual traspasa el presente del protagonista: el comercio emotivo con su madre, a través de los signos afectivos, ha sido igualmente insatisfactorio y, cuando parecía haber sido resuelto por una hiperactividad laboral, en procura del éxito, se revela inmutable, como una deuda pendiente que, a causa de la enfermedad de su madre, parece imposible de pagar.

El hijo de la novia comienza con una escena que sabemos —por su técnica narrativa y fotográfica, por su vestuario, por intuición— pertenece a la infancia de alguno de los protagonistas. Niños jugando con una pelota vieja, en un escenario marginal, destruido, casi cementerio, vistiendo camisetas de los clubes de fútbol de Buenos Aires, Boca y River, desarrollan un "pequeño" conflicto de poder infantil. Es momento en que aparece el *Zorro* (Rafael Belverdere, en su infancia) con una onda o gomera para hacer justicia[8]. Ésta, como muchas otras escenas en la película son de corte clásico: el niño justiciero se convertirá en otra cosa, pero jamás olvidará su pasado ideal y se encargará de traducirlo y repetirlo como legitimación de sus actos futuros. Cuando se convierta en empresario gastronómico, le recordará a su padre —o, mejor dicho, pondrá en boca de su padre— que él le enseñó a luchar por "ideales". A lo cual su padre (Héctor Alterio) se lo negará haciendo uso de la parodia y el humor.

Luego de las imágenes nostálgicas de la infancia —marca de fábrica del Río de la Plata, de la filosofía del tango, del cariño protector de "la nona"— irrumpe el presente con toda su locura —también arquetípica—: el mismo dueño de los ojos azules come apurado, al mismo tiempo que trabaja, ordena y habla por su celular en todo momento y en cualquier lugar[9]. Acentuando esta imagen de la alineación posmoderna, el teléfono celular es borrado de la imagen mediante el uso del micrófono y el audífono (lo que facilita hablar sin dejar de "trabajar"), lo cual refuerza una imagen patética: el nuevo trabajador, el

---

[8] Podría ser intencional el hecho de que El Zorro viste la camiseta de Boca Juniors —representante de lo popular— y es perseguido por su clásico oponente deportivo y barrial, River Plate, —los "millonarios".

[9] La pareja de ancianos enamorados es alternativamente mostrada con el hijo de fondo, hablando frenéticamente por su teléfono celular. A las palabras calmas y comprensivas del padre contrasta la incomprensión del hijo y su vocabulario lleno de insultos y exabruptos del hijo.

empresario *habla solo*, está tan alienado como su madre. O más —como en muchas partes de la película se sugerirá.

Cuando los tres llegan de regreso al geriátrico, la madre dice: "Yo a tu papá no lo dejo aquí". Luego de entrar, su imagen se superpondrá con la imagen del rostro de su hijo reflejada en la puerta de vidrio, lo cual supone un cuestionamiento: no queda claro si es "lógico" si la madre debe estar allí o con su familia, pero en todo momento se le echa la culpa a "esa enfermedad" que sufre su madre: *la pérdida de la memoria*, que le impide vivir entre los demás.

El festejo del cumpleaños de la madre lo hacen el hijo y el padre en ausencia de la homenajeada, que aún vive en la misma ciudad. Esta significativa ausencia es multisignificante: la madre es una desaparecida—no está viva ni está muerta—de alguna forma, es el pasado que se ha ido. Ambos brindan con el mejor champagne a mirando una ausencia, mientras dicen: "Feliz cumpleaños, mami". Pero, al mismo tiempo, el festejo es absurdo, carece del sujeto, quienes lo han organizado han perdido el sentido de la ceremonia, no por la demencia de la madre sino de ellos mismos, lo cual será revertido, en parte, hacia el final, lo cual comienza a fraguarse en este preciso instante.

El protagonista, Rafael, hará explícita sus conflictos emocionales. El quiebre de la relación con su madre—la mama, la nona protectora—a consecuencia de una desobediencia suya—el haber abandonado la carrera de abogacía—dejará una huella profunda en él, en el hijo no reconocido, no aceptado por su madre. Pero el hijo tratará de demostrarle, desesperadamente, que él "no es un inútil", a pesar de que no llegó a ser "*m'ijo el dotor*". De nada servirá que su padre cuestione esta interpretación grabada en su consciente-inconsciente: "¿Quién te dijo que eras el inútil de la familia?"

En este caso conflicto de Rafael será, sobre todo, egoísta pero atendible: él necesita que su madre le reconozca su valor, pero ella ya no puede hacerlo. De todas formas, se empeña en obtener un signo de este reconocimiento y lo que obtiene es una confesión: también la madre sufrió el "desamor" de su madre.

Ahora, ¿cómo se supone que Rafael procuró superar este conflicto, esta carencia de reconocimiento maternal? A través de la obsesiva realización laboral. Una actividad que no sólo le impediría detenerse a pensar—el querer y creer que debía estar en todos los detalles de su negocio—sino que, además, le procuraría éxito: "Me ha ido mucho mejor que unos cuantos profesionales que conozco", dice Rafael, lo cual no sólo es una realidad social en Argentina, sino un objetivo del personaje que necesita compararse con lo que estima más importante (resultado del modelo materno). Ahora, está desesperada carrera por demostrar ese éxito laboral que, supuestamente, supliría la carencia, el protagonista necesita *estar solo*. Los otros y sus afectos significan un obstáculo en su carrera competitiva. Esto no sólo se refleja en la relación con su exmujer, sino con todos los demás. A su novia le propone "más libertad", a pesar de que la quiere, a su hija le advierte: "No te pongas hincha pelotas que de vos no me puedo divorciar".

Para mantener este orden mecánico, también las relaciones familiares, fragmentadas por las separaciones, divorcios, desencuentros, nuevas uniones, deben estructurarse como los negocios: "Hoy es jueves—dice la hija—; me toca con papá". Acto seguido, y después de una disputa de posesión, el padre se la lleva corriendo, con la misma urgencia que lleva con sus asuntos profesionales.

Pero el ataque al corazón debe suponer un dramático llamado de atención. Significará una inflexión en su vida, lo cual se hace patente apenas despierta en la cama del hospital. Entonces reconoce que uno de sus sueños es "irse a la mierda".

Esa es su solución inicial: ante el conflicto irresuelto, huye —voluntad de olvido. El trabajo obsesivo también era una forma de huida, por lo cual no es en este momento cuando reconduce su vida. Irse a México a criar caballos es un cambio más de forma que de contenido.

Sin embargo, creo que la simbología más importante de *El hijo de la novia*—y la que estructura una trama subterránea—es la que se refiere a la zaga de *El Zorro* [10], el justiciero. Éste aparecerá reiteradamente, ya desde el inicio en el juego de los niños, luego en el mundo de los adultos, con frecuentes alusiones a cada personaje —como el del

---

[10] Serie norteamericana popular entre los niños del Río de la Plata durante los años '60 y '70.

sargento García, etc.—, o en las películas que Rafael verá en soledad en sus momentos de crisis existencial.

El Zorro es un justiciero y, como todos los arquetipos de la época, es *un solitario*—como *El Llanero*, etc.—. Para este arquetipo, el éxito y la justicia dependen de un solo hombre y, por si fuese poco, es posible.

Sólo el amigo recurrirá a esta historia para contradecir al discurso positivista del héroe infantil: "Los de catorce siguen fregando a los de ocho". Pero el Sargento García ha descubierto la triste verdad y, además, ha sido derrotado.

IX. Estrategias de dominación y resistencia

Para Zavarzaeh, la relación entre el centro y el margen es una relación de oposiciones, conflictiva, entre exclusión e inclusión. Su crisis es uno de los síntomas de la Posmodernidad —"*[The] relation between the center and the margin […] is itself a symptom of the crisis of posmodernity and uncertainty about the norms that might "justify" and "explain" the acts one undertakes*". (169)

Sin embargo, ¿qué significa, exactamente, "crisis" de la relación tradicional entre el centro y el margen? Sin duda que ésta no ha cambiado desde el neolítico: hay un centro desde el cual se emite un discurso predominante que es, al mismo tiempo, excluyente. Quienes son perjudicados por ese discurso o quienes lo resisten deben, necesariamente, ubicarse al margen. La crisis de esta relación dialéctica significa, antes que nada, una conciencia y un cuestionamiento ético de esta relación, mucho antes que un cambio estructural —espacial— del centro tradicional.

Ahora bien, ¿cómo somete el centro y cómo se defiende el margen, cómo reacciona el margen y cómo se reorganiza el centro?

Es importante anotar que el centro es el principal productor de "legitimaciones", es decir, el principal redactor del discurso ético predominante. Pero este discurso necesita de un enemigo: el margen. Personalmente, creo que una de las fortalezas del centro en relación con la "res intermedia" consiste en mantener una clara relación ético-simbólica con el margen. Es decir, el centro necesita del margen. Sin el peligro y la amenaza, no podría existir una dominación ideológica efectiva. Es por esta razón que el centro debe combatir el surgimiento ético-contestatario del margen, pero nunca suprimirlo completamente. Si no existiera un margen, el centro lo inventaría. Esa relación perversa que se alimenta de antagonismos ha sido una característica de casi toda América Latina. Su herencia, incluso, se ha trasmitido invisible pero poderosamente a "democracias" como la uruguaya o la argentina.

Una segunda forma de "manipulación ideológica" que practica el centro, aparte del antagonismo, es la "absorción". Lo que también podríamos llamar, "integración de la exclusión" o "anulación del disenso[11]" (Zavarzaeh 178).

---

[11][Hollwood films] attempt to recuperate the radical margin as a "reformist" discourse. The margin and its discourses, in a gesture of open-

Lo que aún queda sin aclarar es si el centro es plural o no. Sabemos que el margen lo es, pero la respuesta no es tan clara cuando interrogamos al centro. Cabrían dos posibilidades: a) el centro es único, por naturaleza ideológica y de organización jerárquica; o b) el centro es una pluralidad "coherente", es decir, capaz de integrar los distintos niveles y categorías de discursos de dominación: racial, de clase, económico, de género, etc.—una mujer de clase dominante sería, de alguna forma y al mismo tiempo, marginal por su sexo.

Sabemos que parte fundamental de la ideología dominante, la ideología "central", consiste en asociar al margen con descalificativos éticos, como pueden serlo de orden social, sexual o de producción. Es decir, el margen es improductivo, desordenado, peligroso para el orden y la seguridad, sexualmente desviado o contra natura, inmaduro, etc.

En las películas de Hollywood, el margen finalmente se integra al centro—el hippie, el bohemio, el contestatario, la mujer "libertina", etc., terminan fracasando o integrándose a la estructura capitalista. En ocasiones, el margen aparece como una forma inocente que cumplirá una función "reformadora" de algunos elementos disfuncionales del centro—al que deberá ayudar a recuperar su propia

---

mindedness, as seen as having a "positive" effect on the center" Op. Cit. p. 170. "[en *Desperately Seeking Susan*] margin that can form a moral coalition with the center" (178)

centralidad en tiempos de "desviación". En otros momentos, el margen aparece reconociéndose a sí mismo como incapaz de cambios serios y como característica de la inmadurez psicológica, ideológica, productiva y moral de la sociedad a la que critica.

Por el contrario, en películas latinoamericanas como *El crimen del padre Amaro* el centro triunfa finalmente en la trama, pero este triunfo significa una derrota ética necesaria en la meta-trama, es decir en las lecturas probables del espectador. El centro se revela, esta vez, como inmoral, corrupto. También en esta película se da una paradoja que, aunque pueda sorprender, no es para nada propiedad de la posmodernidad, sino de los orígenes del cristianismo: el centro representa la fuerza y el poder social, la dominación, al mismo tiempo que la marginalidad ética. Desde este punto de vista, este discurso es marginal. Sólo el poder del dominante puede imponer una censura de expresión; pero el censurador es, históricamente, el que ha perdido la batalla por la legitimación ética, porque su discurso es insuficiente. El personaje del padre Natalio representa al típico marginado: se encuentra en la clandestinidad política y eclesiástica. También se encuentra marginado por el poder político, civil, representado por el periódico del pueblo. Sin embargo, es el único "héroe-ético" que sobrevive en la aniquilación ética de la película. Su derrota, la excomulgación—la separación definitiva de la corrupción y del poder— como la de Jesús, es la única forma efectiva de triunfo moral.

Como afirma el profesor de la Universidad de Berkeley, Mas'ud Zavarzaeh, el disentimiento es parte de la tradición de los sistemas actuales de dominación. La tradición integra y resuelve dos tópicos fundamentales de las sociedades capitalistas: lo nuevo y lo permanente. Para ello, la tradición recurre a la "des-historización" de los hechos sociales y políticos. Integra en su propio discurso al "disidente", al rebelde, como resultados necesarios de una sociedad dinámica, moderna y pluralista—democrática.

Pero esta "des-historización" es una especie dramática y paradójica de olvido a través de la memoria, de *memorización del olvido*: la ingestión de los hechos históricos por parte de una tradición ideologizada.

En el caso de América Latina, el rebelde, el subversivo, cuando no logró en un gran movimiento revolucionario destruir la estructura de dominio social —lo cual constituye la regla general—, terminó integrándose a una tradición aún más perversa: operó como justificación del dominio despótico de los poderes políticos, religiosos y militares.

X. A la búsqueda de una resistencia funcional

Zuzana M. Pick, recordando los tiempos de militancia política de los años '60, apuntó: "*As I have written elsewhere, the films of the movement called for 'direct political action: denouncing injustice, misery and exploitation, analyzing [their] causes and consequences, replacing humanism by violence*" (Pick 302).

En la búsqueda perpetua del cambio, las estrategias y las propuestas fueron diversas. Acorde con los años '60, esta respuesta frecuentemente se inclinó por formas violentas. Glauber Rocha lo definía de la siguiente forma: "*The most noble cultural manifestation of hungry is violence*" "*It is the initial moment when the colonizer became aware of the colonized*" (Rocha 60)

Podemos observar un cambio y conjeturar una explicación: luego de las dictaduras latinoamericanas de los años '70 y '80, el llamado de una acción violenta como forma de provocar un cambio —el eterno cambio que nunca llega— ha dejado lugar a una búsqueda más "humanista" —¿o simplemente moderada?— de el mismo cambio. "*This discourse of 'present-ness' is crucial to many of the films of New Latin American Cinema*" Los directores y realizadores conscientemente se han involucrado en un rol protagónico como agentes de cambio social. "*Their films served to make ideological positions explicit and to intervene ideologically in favor of social change through aesthetic strategies (...)*" (304)

Coherente con su obsesiva búsqueda del cambio, abrumada con un presente siempre adverso, el arte latinoamericano ha buscado también obsesivamente ser un agente de cambio. Diferente al criterio Hollywoodense, donde el orden social no está en cuestión, donde, por el contrario, el esfuerzo debe concentrarse en mantenerlo antes que modificarlo. Tanto la literatura como el cine latinoamericano han buscado el cambio, ora a través de la exposición de una realidad injusta, ora a través del discurso alternativo. Es lo que el realizador argentino Fernando Birri, refiriéndose al cine de los últimas décadas, un intento de "una poética de transformación de la realidad". (93)

Aunque con mayor escepticismo, en los años noventa el arte latinoamericano ha buscado la transformación de la sociedad pero ya no a través del sacrificio del individuo sino, precisamente, reivindicándolo. Reivindicándolo ante los discursos abstractos de las ideologías de la izquierda tradicional y del llamado de la ideología dominante —la capitalista— para una renuncia a sus reivindicaciones presente con la esperanza de un logro futuro que nunca llega.

XI. La pérdida de la memoria colectiva

Si bien encontraremos una tradición intermedia donde la memoria se convierte en la denuncia, en la reescritura de la historia olvidada, también tendremos un género "documental", en el amplio sentido de la palabra, donde se recoge el presente y se lo convierte en memoria futura, como son los casos de *La vendedora de rosas* y *La virgen de los sicarios*.

Dentro del primer grupo podríamos ubicar, como ejemplos, a *La historia oficial* (Argentina, 1983), *Amanecer Rojo* (México, 1989), *Botín de Guerra* (Argentina 1999), *Kamchatka* (Argentina 2002). En todas, el discurso es de denuncia contra "la historia oficial", contra la historia escrita por el poder, ya sea estatal, religioso o económico. La principal motivación de esta reescritura es política y, en todos los caos, consiste en una lucha por la recuperación de la memoria, no sólo aquella memoria ocultada por el poder sino aquella otra deformada por el mismo.

Si al comienzo decíamos, refiriéndonos a los años revolucionarios de los '60, que *no había conciencia sin memoria*, ahora debemos decir que *sin memoria no hay verdad*.

Una tercer etapa en esta *via crusis* de la memoria latinoamericana la constituye la pérdida de la *memoria colectiva* la que, paradójicamente, se transformará en un documento futuro: en memoria del olvido.

En esta etapa vamos a mencionar dos ejemplos, como lo son *La virgen de los sicarios* y *La vendedora de rosas*. Ambas, desde propuestas diferentes, desafían la tradicional estructura del cine hollywoodense y revierten el precepto de arte como medio de diversión o de belleza, del arte como objeto estético, puramente —si alguna vez existió realmente esta forma puritana del arte sin implicaciones éticas—. Ambas películas no sólo procuran exponer una realidad dramática y conocida por muchos, sino que serán un día la mejor fuente documental para aquellos que procuren entender algo de nuestros presentes, concretamente del presente de las sociedades marginales de América Latina.

Sin embargo, aquí ya no tenemos la denuncia con el objetivo de una reescritura de la historia. Ya no se busca "recuperar" una memoria perdida, sino exponer la tragedia del olvido más desgarrador y absoluto. Mucho menos relación tiene con la memoria de la Utopía. Aquí no sólo no se busca alcanzar la sociedad perfecta, sino que ni siquiera se pretende la resistencia de una sociedad derrotada: un profundo y oscuro *nihilismo*, a veces autocomplaciente, recorre estas propuestas cinematográficas. Una violenta concordancia con la realidad, la degradación de la vida, la muerte —el olvido. Aquí el presente contrasta violentamente y nos señala el género cinematográfico de ciencia-ficción-catástrofe, donde el mundo ha sucumbido al caos y la gente—una clase sumergida, lejos de los poderosos, como siempre—busca desesperadamente sobrevivir entre la peor miseria y abandono, entre la violencia y la alineación. *La vendedora de rosas* nos dice que ese futuro ya llegó, que el caos es ahora, que el mundo ya se ha perdido. La destrucción, la decadencia—moral y material—conviven con elementos de la modernidad, con símbolos de un lejano mundo desarrollado, con el recuerdo fragmentado de objetos que alguna vez fueron útiles, que alguna vez formaron parte de un orden lleno de memoria. Sólo que aquí, a diferencia de Hollywood, no hay promesas de redención, no hay héroes organizando la resistencia, incubando la rebelión. No hay esperanza, sino la muerte. La muerte para alcanzar la liberación virginal; la muerte —como de hecho sucede— para volver a los brazos de la madre.

Para los personajes de *La vendedora de Rosas*, los símbolos—la memoria colectiva—han perdido su significado; el texto, su memoria. El hecho de la "pérdida de la memoria colectiva", está acentuada no sólo por las drogas —que todo lo borran—, sino también por la edad de sus protagonistas —niñas, niños— y por la pobreza del lenguaje que es, en suma, memoria colectiva.

No hay ficción, en el sentido tradicional del término; los actores no son profesionales y su papel es representarse a sí mismos. O, más aún, no representan nada, sino que continúan su vida como si la cámara no estuviese presente. Ya no se trata del neorrealismo nacido de los barrios pobres de Italia y de América Latina: es crudo *hiperrealismo*, desechos humanos—supuestamente vivos aún —excretados a las cloacas de la ciudad moderna.

Paradójicamente, así como los huesos de un hombre primitivo sirven hoy para recordar al resto de los hombres y mujeres que lo rodearon, sin que alguno de ellos se lo haya propuesto nunca, así servirán estas memorias del olvido, para recordar lo que fuimos alguna vez —si algún día tenemos la suerte de dejar de ser *eso* que también que somos.

Bibliografía

Blacker, Irwing R. *The elements of Screenwriting*, Macmillan, New York, 1996.

Cook, David A. *A history of Narrative Film*, David. W.W. Norton & Company, Inc.

Cuadernos de Cine Número 33. *El nuevo cine Latinoamericano en el mundo de hoy. Memorias del IX Festival Internacional del Nuevo Cine Latinoamericano.* Universidad Autónoma de México. México, 1988.

El crimen del padre Amaro. (México, 2002) Dirección: Carlos Carrera. Producción: Alfredo y Daniel Ripstein.

El hijo de la novia. Argentina, 2001. Dir. Juan José Campanella. Perf. Ricardo Darín, Norma Aleandro.

Gómez-Tarín, Francisco Javier. *Cine y revolución en Latinoamérica.* IV Jornadas de Lenguas y Culturas Amerindias.

Historias mínimas. Argentina 2002. Dir. Carlos Sorín.

Kamchatka. Argentina, 2002. Dir: Piñeiro. Perf. Ricardo Darín.

La historia oficial. Argentina 1984. Perf. Norma Aleandro

La hora de los hornos. Argentina, Solanas y Getino, 1968.

La vendedora de rosas. Colombia, 1998. Dirección: Gaviria.

La virgen de los sicarios. Colombia. Guión: Fernando Vallejo. Director: Barbet Schroeder.

Memorias del subdesarrollo. Dir. Tomas Gutiérrez Alea, Cuba 1968

Pianca, Marina. *La política de la dislocación (o retorno a la memoria del futuro),* en *Memoria colectiva y Políticas del olvido,* Argentina y Uruguay, 1970-1990. Beatriz Viterbo Editora, Buenos Aires, 1997.

Pick, Zuzana M. *The New Latin America Cinema/ A modernist Critique of Modernity.* En *New Latin America Cinema,*

Edited by Michael T. Martin, Wayne State University Press, Detroit, 1997.

Pick, Zuzana M., *The New Latin America Cinema/ A modernist Critique of Modernity*. En *New Latin America Cinema*, Edited by Michael T. Martin, Wayne State University Press, Detroit, 1997.

Rocha, Glauber, An Esthetic of Hunger. *The New Latin America Cinema/ A modernist Critique of Modernity*. En *New Latin America Cinema*, Edited by Michael T. Martin, Wayne State University Press, Detroit, 1997.

Selles Gómes, Paulo Emílio, "Cinema: A Trajectory within underdevelopment", Austin: University of Texas Press, 1988.

Stam, Robert, Burgoyne, Robert, Flitterman-Lewins Sandy *Nuevos conceptos de la teoría del cine*. Ed. Piados 1999. Página 215.

Tiempo de revancha. Dirección: Adolfo Aristaran. Guión: Emilio Kauderer. *1981*

Zavarzaeh, Mas'ud, *Seeing Films Politically*, pg. 169. State University of New York Press, Albany, 1991.

El mégano

García Espinosa-Tomas Gutiérrez Alea, 1956

P odemos decir que *El mégano* es una película "revolucionaria" en un aspecto triple: técnico, temático e ideológico. Sabemos que años después Julio García Espinosa teorizará sobre las técnicas del cine revolucionario como un "cine imperfecto", probablemente como consecuencia de un previo estudio y ejercicio en la estética del neorrealismo italiano desde sus tiempos en el Centro Sperimentale di Roma, tan presente en esta película. Según Chanan,

Julio García Espinosa [...] put forward a powerful apologia for this experimental effervescence in his manifesto of 1968, *Por un cine imperfecto* (For an imperfect cinema) in which he argued that the imperfections of a low budget cinema of urgency, which sought to create a dialog with its audience, were preferable to the sheen of high production values that merely reflected the audience back to itself" (6).

Podemos pensar que esta "imperfección" se debe no sólo a la escasez de los medios tecnológicos de producción y realización[12] sino, además, a la voluntad de contestar a un

---

[12] Chanan describe las dificultades que tuvo la misma Revolución, años después, para obtener material técnico en el exterior (el Che en Japón, etc.) y, sobre todo, cuando se comienza el período de nacionalización de

"cine perfecto" representado por la industria cinematográfica de Hollywood. El primer punto se cumple en *El mégano*: no parece que los recursos técnicos y un gran presupuesto hubiesen acompañado su realización. No por casualidad el neorrealismo italiano eligió las clases pobres para realizar su arte, pero para el cine revolucionario cubano el "neorrealismo" desbordaba esta elección estética e ideológica hasta encarnarse en el mismo proceso de filmación. En *El mégano* parece haberse producido algunas "desproligidades" en algunos cambios de secuencias con respecto a los sonidos, aunque la misma idea de "desprolijidad" puede estar condicionada por una sensibilidad estética y "semántica" desarrollada dentro de los mismos hábitos de consumo formados por Hollywood y el cine comercial.[13] No ha sido el precepto bretchiano el que ha prevalecido en el cine comercial durante todo el siglo XX: la "imperfección" podría funcionar como interruptor de la ensoñación hipnótica, algo con lo cual podría haber estado de acuerdo un revolucionario (o al menos un rebelde)

---

empresas norteamericanas y el posterior embargo a la isla: "ICAIC was able to aquire several crucial peces of equipment: a Mitchell camera, an optical camera (for special effect works), an animation table, and laboratory equipment, all from unated States. (129)

[13] Alfredo Guevara hizo un relevamiento de las películas que se veían en Cuba en 1989. En su abrumadora mayoría eran películas de Hollywood. Su conclusión fue que "[a]verage taste has been maltreated and certain overridden influences have created 'habits' of cinema difficult to eradicate... the genres together with the star system predominate and their formulas amount to anticinema." (Chanan, 137).

como Berthol Brecht. También la lentitud inicial, agobiante como el mismo trabajo en el mégano, lejos de la dinámica del cine comercial que siempre se siente obligado a narrar una historia de forma rápida e intrigante, recargada —sobre todo en nuestra época del capitalismo tardío— de una gran sobre estimulación de signos y efectos especiales.

Pese a todo lo anotado antes, podemos pensar que ni siquiera los realizadores de *El mégano* pudieron escapar a los códigos estéticos y semióticos que caracterizaron al cine hollywoodense durante tantos años. En este sentido, el segundo punto (sobre la voluntad de contestar los códigos del cine hegemónico) falla un poco. Esto podemos apreciarlo principalmente en la dramatización de la historia a través de la música que, incluso, es del mismo tipo que la usada por las viejas películas del *far west* y de las películas de suspenso norteamericanas: oboes y violines que permanentemente van indicando cuál debe ser el estado emocional del espectador: tensión, acción, relajación, sorpresa, intriga, etc.

El título de la película no es casual como no es casual la elección de este tipo de trabajo y no, por ejemplo, el trabajo en los cañaverales (símbolo de Cuba, desde los tiempos de José Martí). El manglar tiene una fuerte carga metafórica al mismo tiempo que psicológica: sus personajes, los hombres y mujeres "reales", se encuentran *sumergidos*, luchando con una realidad invisible, con el rescate de la podredumbre o la fosilización de los troncos para sobrevivir. Por otra parte, no se trata de agricultores tradicionales: son asalariados, especies de proletarios preindustriales.

Pero el simbolismo no se reduce al título; al menos tres o cuatro imágenes poseen esta función. (1) La niña, Paulita, ensuciando la cara de su muñeca a imagen y semejanza de las caras de los padres. El paralelo es probable: la niña y su muñeca son a los asalariados del manglar como los productores y la película son a los espectadores cubanos antes de la revolución. (2) La mujer colocándose repetidamente en la puerta del rancho adquiriría dimensiones paródicas si no se tratase de un drama, por lo cual podemos pensar en una crítica del "viejo orden" patriarcal (confirmada luego en *Manuela* y olvidada años más tarde en la retórica posrevolucionaria que provocó, como reacción, una película como *Fresa y Chocolate*). (3) La diferencia de los *blancos* en las camisas de los explotados contrastando con las camisas pulcras de los explotadores, las caras sucias de las mujeres del manglar y las "boquitas pintadas" de las mujeres de la ociosa clase patronal establece una diferencia visual, simbólica y de clase, donde el "villano" ya no es el pícaro inescrupuloso, habitante de las *villas*, sino el "noble" habitante de los castillos pulcros. (3) Finalmente, el puño del protagonista al final (expuesto en primer plano como último *mensaje*) no sólo representa la rebeldía, sino al mismo partido comunista.

El final, desde un punto de vista narrativo es abierto —no sabemos qué ocurrirá después, el conflicto no se ha resuelto sino apenas se ha planteado. Desde el punto de vista temático está cerrado: ya no hay lugar para la Resignación sino para la Revolución.

Memorias del Subdesarrollo

Tomas Gutiérrez Alea, Cuba 1968

"En el subdesarrollo nada tiene continuidad, todo se olvida. Ahora comienza tu destrucción final"
Sergio, protagonista de Memorias del Subdesarrollo

Próximos a finalizar la década de los sesenta, la revolución más importante de la historia cubana se aproxima a su décimo aniversario. Del incuestionable derrocamiento de una tiranía personalista (1959) se pasa al complejo -y por lo menos imposible- proyecto de construir una utopía, largamente soñada por Europa y, más tarde, por el "continente virgen": la utopía se una sociedad justa, cuya organización estaría basada en la razón, dialéctica e histórica. Es en este momento, en que la relación individuo-sociedad entra en crisis y se reformula.

En el momento en que se filma *Memorias del Subdesarrollo*, el cubano y la sociedad cubana se pasan cuentas. Un aniversario con un cero al final obliga a interrogarse sobre los logros y resultados del hecho conmemorado. Una parte de esa sociedad cubana no participa en el Gran Proyecto colectivo (por razones políticas o por razones de intereses individuales) y muchos de ellos abandonan el país. Pero cada uno de ellos no es simplemente un adversario político de quienes deciden permanecer en su tierra: cada uno de ellos son amigos, hermanos, esposas, madres o amantes.

Es más o menos en este momento donde comienza *Memorias del Subdesarrollo*. Escenas de despedidas, carteles explícitos ("personas abandonan el país") o el sutil e irónico silbido de Sergio, el protagonista (*si Adelita se fuera con otro*) confirman la importancia de este tema: la deserción, el abandono o el exilio, que es la forma más cruda de cuestionar la Revolución. Y luego la inevitable calificación: ¿los exiliados, son víctimas o son traidores?

Desde el comienzo de la película se advierte la necesidad, por parte de sus realizadores, de mantener cierta distancia crítica, tanto de la revolución como de los "desertores". De hecho, esta es casi una condición necesaria de todo arte y de toda verdadera reflexión, literaria o filosófica. Sin embargo, la necesidad no será del todo satisfecha por los hechos del *discurso cinematográfico* -si se me permite la expresión-: los "desertores" son presentados, casi inequívocamente, como personas mezquinas, con intereses personales y burgueses, en la búsqueda permanente de una justificación que legitime su exilio voluntario (los casos más claros son el de la esposa de Sergio y el de su amigo).

Las estrategias de *Memorias del Subdesarrollo* para organizar su *discurso cinematográfico* son diversas: desde el simbolismo directo (la jaula y el pájaro; las repeticiones interrogativas como el bostezo de Sergio, etc.) hasta la exposición casi documental (como son los datos que comparan los números de muertos en la Segunda Guerra y los que suman las enfermedades y el hambre en América Latina), pasando por la reflexión filosófica (reflexiones éticas acerca de la conducta individual y la conducta colectiva, el torturador en tiempos de Batista que se justifica y se esconde detrás del grupo, etc.) y el monologo interior del autor que es apoyado por las imágenes, a veces con humor (monologo interior que, por otra parte es la voz principal, el *alter ego* de Desnoes, Gutiérrez Alea y, probablemente, de toda una comunidad intelectual de la época).

Aparte, se aprecian varios experimentos técnicos, como la sustitución de los ojos de Sergio por la cámara filmadora, durante un largo periodo de tiempo; varios miradas introspectivas, no solo a la sociedad la cual es contrastada en su hipocresía por imágenes antagónicas (un muerto, una aristócrata que aplaude con elegancia, etc.), sino hacia la película en sí misma: crítica directa al repetitivo cine de entretenimiento (modelador del sujeto) en el cual todo se repite estúpidamente; crítica y el carácter inconsecuente de las mujeres de Hollywood que luego se repiten en Elena-*sujeto*, etc. Una crítica que también se extiende a un icono del siglo XX: Hemingway ("Cuba nunca le interesó" "Fue su refugio tropical"

También hay una mirada introspectiva al hecho cinematográfico en sí, que se expresa en la intención, por parte de los protagonistas de ICAIC, de hacer una película *collage* usando aquellas escenas censuradas por el régimen de Batista.

Pero de la crítica al cine mismo, como productora de sensibilidades y de ideología (de sujetos), la película pone mayor acento en una búsqueda de definición de *subdesarrollo*, tanto nacional como individual, como si uno fuese explicativo del otro (o fuesen la misma cosa), y busca en esta la explicación para un posible triunfo o fracaso de la Utopía.

Con respecto a esto último podríamos señalar varias escenas, pero por economía prefiero detenerme en una en especial, que si bien puede no ser central en el discurso cinematográfico, es por lo menos reveladora. O lo ha sido para mí.

Después de retratar la psicología de Elena (o Helena: helénico, carácter decadente de lo Griego, pérdida de lo dionisiaco) durante varias escenas, Gutiérrez Alea recurre a la reflexión directa del protagonista, Sergio, para que termine de explicar, de forma por demás directa, lo que se venía presintiendo desde mucho antes: Elena es América Latina, esa mujer inconstante, inestable, que no llega nunca a madurar en su carácter. Mientras vamos viendo un resumen de sus actitudes físicas, de sus gestos, Sergio se lamenta de su incapacidad de consecuencia, de consistencia, de acumular experiencia. Los cubanos –los latinoamericanos- se adaptan al momento. Elena es la imagen del subdesarrollo (lo opuesto a Hannah, la alemana que huye del régimen nazi): *es incapaz de sostener un sentimiento,* y en esta idea hay un fuerte olor a tinta nietzscheana, a su recurrencia de la voluntad, del carácter, del instinto como estado de la madurez.

En *Memorias del Subdesarrollo* hay, por momentos, una reflexión sobre las causas del subdesarrollo de forma muy directa, pero también sobre las contradicciones sociales, económicas, culturales y psicológicas que prediccen, implícitamente, la idea de un fracaso, sino social al menos individual (existencial: reflejos del absurdo sartreano aparecen sobre todo al final, aunque al comienzo ya hay cuestionamientos como el de Sergio: "¿qué sentido tiene la vida para mi, para ellos?"). Hay una fuerte carga de dudas y de incertidumbres: ¿Seremos capaces? ¿Tendrá sentido el Gran Proyecto colectivo en este estado sociocultural actual (de inmadurez)?

Estas reflexiones, por supuesto, no son del todo canónicas, desde un punto de vista materialista (recordemos que el mismo Marx se sorprendía de ciertas permanencias culturales cuando las relaciones de producción habían desaparecido miles años atrás): la infraestructura ha cambiado (la relación de producción), pero no ha cambiado la superestructura. El carácter del pueblo no ha llegado a la madurez. Es más, se resiste. En el juicio por abuso sexual por parte de Elena y de su familia, Sergio es absuelto por la justicia formal, pero ha salido derrotado de su experiencia con la familia de Elena (el pueblo), la que ha mostrado toda la fuerza de la rigidez cultural. "Yo he visto demasiado para ser inocente -reflexiona el protagonista-; ellos tienen demasiada oscuridad en la cabeza para ser culpables".

Pero el abismo no solo separa a Sergio de sus amantes, de sus amigos. También lo separa de su madre quien, repetidamente, le envía cosas que él no necesita. "No logramos entendernos" "No entiendo la letra de la vieja", dice. Por otro, el abismo no lo deja a Sergio del mejor lado: "Tengo 38 años, y no me siento más sabio ni más maduro" "En el trópico todo madura y se descompone con facilidad; nada persiste", reitera varias veces la idea de inmadurez ("Hannah era una mujer madura, distinta a las muchachas de aquí") y, al mismo tiempo, de pérdida de la juventud: las mujeres pasan de la juventud a la podredumbre. También él llega "demasiado temprano o demasiado tarde"

Si al comienzo *Memorias del Subdesarrollo* amenaza al espectador con someterlo noventa minutos a un discurso panfletario y oficialista, inmediatamente se revela de una sabiduría sintetizadora que resulta removedora, lo que es propio de las grandes obras de arte, desde la época de los clásicos griegos: al salir de la sala de proyección (del teatro) el espectador ya no es el que era. Una revelación ha tenido lugar en el testigo. Incluso, *Memorias del Subdesarrollo* es capaz –de forma por demás arriesgada- de sorprendernos con conclusiones directas que esperaríamos encontrar en un poeta analítico. (De hecho, hay más de una similitud con *Memorias del subsuelo*, de Dostoievski, aparte del título.)

¿En qué medida *Memorias del Subdesarrollo* es una película "oficialista" y en qué medida es subversiva o inquisidora? Para responder a esta pregunta, no debemos olvidar a qué escala regional estamos defiriéndonos. Es decir, no debemos olvidar que aún un discurso "oficialista" en Cuba es, al extender los limites un poco más allá de los limites naturales de la isla, siempre una forma de respuesta al discurso dominante; una forma de "cultura subalterna" en oposición a la "cultura predominante" del occidente capitalista.

El final es de espera. No solo se espera un desenlace político (una nueva invasión de Estados Unidos, como consecuencia de la Crisis de los Misiles), que puede significar la guerra (y para la cual la gente no es del todo consciente, como si se tratara de un juego), sino que es, además, una espera que es, al mismo tiempo, el tiempo que separa una interrogante existencial de trascendental importancia y la respuesta, que probablemente no llegará.

La muerte de un burócrata

Tomás Gutiérrez Alea (1966)

Creo que todos podríamos estar de acuerdo en que La muerte de un burócrata es una sátira o una parodia. Como toda sátira o como toda parodia, se trata de una caricatura con un fuerte contenido crítico, donde los rasgos que predominan son el absurdo, la contradicción y la burla.

Seguramente no nos pondremos de acuerdo sobre cuál es el objeto de esta crítica mordaz. El título parece adelantar la respuesta: es una parodia sobre la burocracia. De hecho, si nos refiriésemos al texto en sí mismo —en este caso la película—, también podríamos decir lo mismo: el hecho de que la acción tome lugar en un país cualquiera del planeta es circunstancial, ya que "el mal de la burocracia" puede ser considerado universal desde los tiempos de Hamurabi hasta George W. Bush pasando, naturalmente, por Frantz Kafka.

Sin embargo, cualquier análisis, por mínimo que sea, deberá considerar el contexto de la obra y de sus creadores. Se podría argüir, también, que considerar el contexto no debe significar anular los valores "meta contextuales", es decir, universales. Dicho de otra forma, podríamos considerar esta película, como cualquier obra de arte, como una reflexión creativa sobre la condición humana. Lo cual es innegable.

No obstante tengamos en cuenta un detalle: Cuba. Todo contexto es, por definición, una constelación particular de textos. Llevado a la problemática del cine, Mas'ud Zavarzaeh lo entiende de esta forma, incorporando el concepto de "tale":

The tale in the film is not in the text itself (is not a positive entity): it is not determined. Therefore, is not accessible through an analysis of formal properties [from inside a film itself][14]. (18)

Y en la Cuba revolucionaria no es posible abstraerse de esos textos que, de forma ubicua, incluyen un factor político e ideológico predominante y a veces avasallante para cualquier otro punto de vista humano. Se nace políticamente, se hace el amor políticamente y se muere políticamente. Lo cual ya no significa una forma de ver la realidad sino la realidad misma. Minna Jaskari cita a Michael Chanan sobre la misma idea: "Cuban cinema is synonymous wiyh the Cuban Revolution". (Jaskari)

Veamos primero estos elementos satíricos que encuentran en la imagen del cine un campo especialmente fértil.

La idea del título alude, antes que nada, a un muerto. Y un muerto es lo que tendremos como protagonista central a lo largo de toda la historia. Pronto descubriremos que no es ese el muerto del que alude el título, ya que el muerto

---

[14] "But each film is also the narrative space of contestation and struggle among different tales" (19) [...] A filmic space is the site of a warring forces in culture between what social reality is under present ideological and economic practices and what it could became. (23) [...] One way to allow other tales to surface is to use the device of renarrating to displace the overt tale." (25)

central no era un burócrata sino un "artista" (veremos más adelante en qué consiste el sarcasmo de este término). Por lo tanto, ya tenemos el suspenso asegurado: el texto fílmico culminará con la muerte de uno de los personajes secundarios, de forma justa, a juzgar por la trama implícita que hará que el espectador odie a cada uno de estos funcionarios.[15]

La sátira no deja ningún elemento desaprovechado: desde el comienzo, los créditos de la misma película están presentados con los elementos de una oficina estatal de cualquier país del mundo en los años '60. El símbolo, una máquina de escribir. Los repetidos encabezamientos de "En tanto" y "Por cuanto" nos hablan de una rutina que nada tiene de revolucionario (en principio) al tiempo que el sello (o cuña) "Pregúntele a González" nos recuerda nuestras propias experiencias cercanas al poder del buró. (Esta misma actitud será desarrollada luego en la película de forma más explícita). Al mismo tiempo que la máquina de escribir golpea como un ejército, no puede faltar la razón de toda la lógica burocrática: no la población, el Estado, la Patria, presentes en la música del himno nacional. Finalmente, la dedicación también es una parodia o, al menos, está cargada de sorna: "Dedicar este film a Luis Buñuel". Lo que bien puede entenderse como "dedicado al maestro del surrealismo", no por una razón estética sino por una razón

---

[15] El entierro del burócrata, en la imagen final, me recordó, por su tono de parodia, a las celebraciones de "el entierro de la sardina", en España. La música y la solemnidad son las mismas. El absurdo, Goyiano.

práctica: los hechos que se exponen reflejan una realidad surreal, absurda. Podemos pensar que el hecho de dedicarlo a Luis Buñuel se debió a que el español era cineasta, como Alea, y que es reconocido por el público como surrealista. Pero también pudo haber sido dedicado a Franz Kafka, si el público cubano hubiese tenido más cultura literaria que cinelófica. El tachado no es menos significativo. Alguien estuvo antes en la dedicatoria, antes que la censura (la represión, digamos psicoanalítica) quitara ese nombre de ahí. De no ser porque Gutiérrez Alea no era anticastrista, hubiese dicho que ese tachado está en lugar del nombre del Caudillo, al fin y al cabo primer responsable de esa "permanencia" en la vida civil cubana.

Por supuesto que el sonido de cisterna que sigue a los créditos es una indicación demasiado directa. Al fin y al cabo no es sólo una crítica a la burocracia cubana sino, además, humor[16]. O, de no ser así, el humor ha sido usado para la crítica, como una forma de disculpa.

La voz en off del comienzo, verborrágica, es otro elemento que podemos asociarlo con Fidel Castro. La explicación retorcida del doctor, del pseudo intelectual, del charlatán de escritorio con un busto de Sócrates al fondo

---

[16] El hecho de que sea el sobrino del muerto y no su propio hijo quien pasa la peripecia de desenterrarlo demuestra, a mi entender, que no había en Alea una intención de dramatizar la película sino todo lo contrario. El sobrino sólo se revela dos veces: la primera cuando, casi al final, cansado, dice no sin humor: "Hay mi madre, esto es la muerte"; la segunda, es la más obvia.

reitera este laberinto dialéctico que se asemeja al laberinto de papeles, cargados de forma exagerada por máquinas y camiones (lo cual aumenta, por contraste, por ausencia, el sentido de "esfuerzo inútil, de improductividad). La referencia a la historia de los faraones, si bien puede tener una conexión con un muerto al que se lo ha enterrado con un objeto personal, demuestra una especia de autismo en el discurso, acentuado aún más por la preocupación del jurista en las nalgas de las mujeres que lo rodean. ¿Y qué no es la burocracia sino autismo de estado?

Otro realizador de cine pudo haber compartido la dedicatoria con Luis Buñuel, si el tema central no hubiese sido tanto una crítica al absurdo burocrático cubano sino una crítica a la modernidad: Charles Chaplin. No es necesario anotar que la escena de la máquina de producir esculturas es una alusión directa a *Modern Times*: los movimientos del cine mudo, la rebeldía de la máquina, el mismo introducirse del ser humano dentro de ella, la máquina misma, etc.[17] Un elemento nuevo se agrega al la alusión del hombre moderno por culpa de la mecanización de su mundo: la alineación de pretender producir arte de forma estandarizada, de producir José Martíes como quien produce jabones o

---

[17] Otra alusión a *Modern Times* es cuando el protagonista huye con una papelera y es perseguido por la gente de la calle hasta que lo atrapan. Aquí se pone en funcionamiento lo que Masúd Zavarzaeh llamaría una "reparación" del rebelde.

piezas de automóviles.[18] Pero *La muerte de un burócrata* no es *Modern Times* y, por lo tanto, su crítica no se centra en la alienación mecanicista de Occidente sino de algo más localizado: Cuba, la revolución cubana. "Compañeros, compañeras" se repite como los bustos de José Martí. De la singularidad del hecho artístico y revolucionario se comienza a pasar a la rutina vacía del discurso repetido, de la estandarización del arte y, lo que quizás es peor: a la manipulación propagandística del arte. Esto se evidencia con otra sátira de entre este cúmulo de sátiras: el taller (fábrica) del artista ha pasado a ser una agencia publicitaria a favor de la revolución y en contra de un "imperialismo" que comienza a confundirse con el discurso, con el enemigo necesario, que ni siquiera es una publicidad para la exportación sino para consumo interno. Estoy seguro de que Gutiérrez Alea debió despreciar la concepción del arte tal como lo declaraban los "realistas socialistas" de la época de Stalin. Y el abuso de la publicidad, del panfleto ideológico, de la banal alegoría, de la manipulación del arte debió significar para él y su grupo tan peligrosa como la burocracia misma[19]. Por su parte, *La muerte de un burócrata* reúne una colección de

---

[18] La reproducción industrial de los bustos de José Martí significa la repetición de un discurso. Por otra parte, esta "industrialización" del "arte" nos recuerda a la paradójica expresión asociada de forma canónica con Hollywood: "la industria del cine" (por no mencionar lo de "Meca del cine"...)

[19] Observemos la reiteración de los puños cerrados en los panfletos. Del puño cerrado del Mégano a estos puños cerrados, símbolos del Partido mucho agua ha corrido bajo el puente.

carteles incompletos y en segundos planos que nos obligan a leer entrelíneas ("Erradiquemos el ...sentismo", etc.) y otras intertextualidades como el ascensorista cantando *E lucivan le stelle* (Puccini). Otras alusiones al cine norteamericano son evidentes. El humor de confusión ("¿quién vive?", pregunta el sereno del cementerio) y el humor físico (las peleas a la entrada del cementerio, tortas de merengue mediante, donde la policía es siempre una de las víctimas) hacen una clara referencia a *Los tres chiflados*; el auto que pierde las puertas y los guardabarros es una clara alusión a *El gordo y el flaco*. La música, además, aumenta este cóctel haciendo "homenaje" al circo. En un sentido inverso, entiendo que *Esperando la carroza* (Langsner, 1974; versión para el cine con Gasalla) debió inspirarse en *Muerte de un burócrata*.[20]

Minna Jaskari entiende *La muerte de un burócrata* y *Memorias del subdesarrollo* como películas "experimentales". Según lo antes considerado, podríamos decir que su "experimentalismo" está marcado por una voluntad ecléctica, de *colaje* (este *colaje* también se ve un poco, como sátira, en *Memorias...*). Sin embargo, como diría Zavarzaeh, podemos caer en un "esteticismo" o en un formalismo que nos distraigan de los "por qué" de la misma obra de arte.

---

[20] Podríamos entender que los sueños del sobrino podrían deberle al cine surrealista, de no ser porque están claramente identificados con "sueños" y no con la vigilia.

Otra ironía advertimos cuando uno de los personajes se pregunta "¿dónde irá a morar su alma proletaria"? con una falta de ortodoxia marxista que raya con lo irónico y satírico. Esta aparente falta de ortodoxia se repite en la representación del cura, gritando "espere que voy a confesarlo", cuando la gente en la *confusión* entiende que el protagonista quiere suicidarse. Si no hay consuelo más allá, el dolor del proletario, el martirio del ciudadano en las entrañas de la burocracia se convierte en un absurdo doble. Por otro lado, la función del psicólogo que define su problema como un "complejo de Edipo" acentúa la idea de "discurso vacío", repetido, que ya habíamos visto en los bustos repetidos de José Martí, en la verborragia del cementerio y en la explicación de del jurista (idea repetida en Memorias del subdesarrollo en el panel de "intelectuales" internacionales)[21]. Los mismos "tics" del psicólogo confirman la parodia y el absurdo, la desconexión entre el discurso y la acción, (como se verá cuando los burócratas organicen una marcha simbólica contra la burocracia). La otra connotación se refiere a los psiquiátricos soviéticos: el sistema, como cualquier ideología dominante, sólo reconoce individuos "descentrados" (alienados).

---

[21] Muchas veces se ha dicho que un escritor escribe y rescribe el mismo libro. Podríamos decir que Gutiérrez Alea, como todo artista con un credo, repitió otros temas, como el de la burocracia usando el humor en *Guantanamera*. Entre ellos, Chanan lo cita significativamente a través de una anécdota que involucra al mismo Fidel Castro.

Podríamos cerrar estas notas sobre La muerte de un burócrata, con la siguiente idea de Zavarzaeh tomada de Mannheim: "Ideology, according to Mannheim, protects its own 'truth' by constructing a coherent 'other'" (59).

Bibliografía:

Chanan, Michael. *Cuban Cinema*. Minneapolis: University of Minnesota Press, 2003.

Jaskari, Minna. "Tomás Gutiérrez Alea and the Post-Revolutionary Cuba". www.helsinki.fi/ hum/ ibero/ xaman/ articulos/ 9711/ 9711_mj.html

Zavarzaeh, Mas'ud. *Seeing Films Politically*. Nueva York: State University of New York. Press. 1991.

Lucía

García Espinosa y Tomas Gutiérrez Alea

No por un principio aristotélico, siempre esperamos de cualquier propuesta artística una unidad que confiera un sentido a cada parte con el todo propuesto, aun cuando la propuesta consiste en una deliberada heterodoxia o en una deliberada desconexión entre las partes. En Lucía no encontramos nada de esto, sino lo contrario. La división tripartita no sólo recuerda la unidad griega sino también la cristiana —y la católica, sobre todo. Pero en Lucía la unidad no es sólo un ejercicio estético sino, sobre todo, es parte de la narración y del discurso ideológico (entendiendo aquí "ideológico" en un sentido amplio). Dos de estas unidades "trascendentes" se destacan en su lectura: Cuba —su historia— y las tres protagonistas que, no por casualidad tienen un mismo nombre, Lucía (lucero, luz, amanecer, etc.).

Una primera lectura podría decirnos que Lucía se trata de las historias personales de tres mujeres. De otra manera podíamos entenderlas —sobre todo desde un punto de vista restringidamente feminista, es decir, en casos, ideológico— como las historias del sufrimiento de uno de los géneros subordinado al otro, al masculino, etc.

Pero creo que podríamos integrar estas perspectivas en una tercera que, además, incluya otras lecturas de forma coherente: *Lucía* es la narración de un "proceso" de concientización histórica vista a través de tres mujeres. Cada una representa un estado de madurez mayor. Sin embargo, esas tres mujeres, que son una en la metáfora que nos interesa son, al mismo tiempo, Cuba o, de otra forma, es la sociedad cubana en su proceso de maduración. Ahora, en todo proceso de maduración se asume —en el error o en el acierto— que es también un proceso de conocimiento a través de la experiencia y, por ende, de concientización. El factor ideológico —ahora sí en su sentido restringido, partidario— se evidencia y casi "arruina" el resultado cuando advertimos que ese momento cumbre de conciencia comienza —ya que, por suerte, no culmina— en la Revolución cubana. [22]

Dentro de la unidad que anotábamos más arriba, podemos observar que cada una de las tres partes podría sobrevivir —artísticamente, como narración— de forma independiente. Tres unidades que en su orden cronológico adquieren una unidad superior, lo que significa una lectura estructuralista.

Veamos por partes.

Quizás sea la primera de las tres historias la que reúne mejor estos preceptos de unidad. Incluso, incorpora un final relativamente cerrado que da coherencia y sentido a toda la narración precedente, lo que además conforma uno

---

[22] Podemos ver de forma directa en Lucía III los retratos de José Martí y de Fidel Castro, como telón de fondo de un discurso moralizante de estilo militarista por parte de dos de sus protagonistas.

de los principios canónicos del cine y de la literatura occidental de los dos últimos siglos.

En la Lucía de 1895 los contrastes protagonizan un claro discurso: desde un punto de vista de las clases sociales —punto de vista central en el discurso marxista—, vemos a un grupo de mujeres de una clase alta o, al menos, "acomodada" y otro grupo de "intocables" —en un sentido hindú— representado dramáticamente por la Fernandina, la mendiga loca (la "pelandruja"). Más adelante veremos cómo este juicio se invierte de una forma paradójica. La "loca" no es aquella que ha perdido la razón, la conciencia, sino todo lo contrario: es la marginal que tiene conciencia social —derivada de una experiencia individual, traumática—. El grito de "¡Despierten, los cubanos!" es harto explícito en este sentido. Por el otro lado, la mujer de la clase alta, la "intramuros", es quien se mantiene en estado de ignorancia hasta el final. ([23]) Este estado posibilita la traición final que se concierte en la clave: la falta de *conciencia social* es el resultado de la muerte de su propio hermano —y, por

---

[23] Podemos advertir algunas similitudes de estas escenas de mujeres enclaustradas y el drama de Federico García Lorca *La casa de Bernarda Alba*. En *Lucía*, Bernarda no se encuentra intramuros, sino afuera. El mismo gesto de espiar lo que ocurre afuera —en la sociedad— a través de ventanas semiabiertas indica esta sumisión e inconciencia, al mismo tiempo que represión. Aquí Bernarda se ha sublimado en el "super-yo" (en su sentido psicoanalítico) para convertirse en el poder político-social, en el Imperio. Recordemos que en el drama de Lorca esta autoridad expresaba el poder político-social pero en un sentido inverso: la abstracción estaba encarnada en una mujer dentro de la casa.

extensión, de todos los cubanos—. El precepto razonable de "la guerra la ganamos si hablamos menos y hacemos más" adquiere aquí una contradicción, ya que no basta con "hacer" sin conciencia, sin esa conciencia que podría estar representada por el "hablar más". El "hacer" de Lucía I es, en realidad, un "deshacer". Cuando se "rebela", su rebelión tiene consecuencias trágicas para ella misma; es una rebelión con un sentido contrario a sí mismo. *Lucía I*, la solterona, está atrapada en los problemas del corazón, en las leyes de una sociedad que determina con rigor los roles femeninos, esas mismas leyes que R... usará para jugar su juego político y ganar. Lucía I finalmente adquiere la conciencia que tenía la mendiga, pero ya es tarde. ([24]) Su acto es simplemente un acto criminal, de (justa) venganza. No obstante, a los efectos de un cambio social, es casi intrascendente. Podría, incluso, servir para mantener el *status quo* ([25]) con mayor agresividad. No es un crimen político —como lo serán los de Lucía II— sino un crimen pasional, individual.

---

[24] La Fernandina le advierte a Lucía: "No se vaya con él". Esta es la frase clave que nos revelará el resto de la trama. Pero Lucía no tiene consciencia de esta trama y *elige* no escuchar, ya que su realidad está construida a partir de otros códigos donde el problema del individuo oculta los problemas trascendentes de su propia acción. Otra mendiga, al final, será quién le indique dónde está Rafael ("en la plaza"), lo que revela y confirma que la "conciencia" de la *trama* no está en los protagonistas tanto como en su clase marginada.
[25] Anteriormente, una de las viejas intramuros había declarado "hay que saber resistir las pruebas con resignación".

En Lucía II se confirma la división de clase y de género de Lucía I: las mujeres están por fuera de la historia. Sus historias son individuales (los problemas "del corazón") y con tendencia a lo frívolo [26]. El mundo de los hombres, en cambio, es el mundo de la historia. Sus amantes no revelan una preocupación por lo emocional sino, precisamente, lo contrario: es una despreocupación, el descanso reparador y funcional del sujeto hacedor de historia. Sin embargo, en Lucía II se da el mismo cambio que podemos ver entre Lucía I y Lucía II: de los individual a lo social, de la inconsciencia a la conciencia, etc.

Lucía II es representada por su propia madre al comienzo: "Eres una mujer dulce, agradable, inocente" Éste, junto con la imagen de juventud y fragilidad de Lucía II, completan la construcción de lo femenino. (del "eterno femenino"). Y el correspondiente síntoma: "Me paso la vida callada", que se corresponde con la recomendación a las mujeres en Lucía I. Igual que Lucía I, Lucía II —en su primera etapa— dice: "Aquel día fui feliz porque Aldo me confesó que me amaba" ([27]).

Podríamos decir que Gutiérrez Alea, como todo gran artista, pone la lupa en un drama individual para mostrar un proceso —o una problemática— trascendente al mismo

---

[26] "Tu padre tiene una querida. Y dicen que es fea" La hija comenta: "Ella sólo habla de sus amigas, de los juegos de canasta", etc.
[27] La confesión de "soy feliz" de Lucía I se la hace a Felipe, en claro contraste con el drama social que se estaba viviendo.

individuo. En este caso, podemos ver que el individuo es el cruce de las fuerzas de la historia, como objeto pasivo (Lucía I) y como sujeto actor de su (parte de) destino (Lucía II y Lucía III).

El fracaso de la revolución contra Machado subraya la idea de "conciencia social incompleta" al mismo tiempo que, no de forma inocente, no prepara para un estadio superior: la Revolución. Lucía III, en cambio, si bien representa este estadio superior, al mismo tiempo nos indica que la tarea no ha finalizado sino que, por el contrario, continúa. Ahora el enemigo ya no es el poder político, sino la misma falta de conciencia del resto de la población que mantiene los códigos (machistas, por timar uno) del viejo orden. Tampoco está presentado de forma inocente la idea de que la "defensa de los derechos de la mujer" se basa en la Revolución, como si estos derechos y cambios de géneros no fuesen un fenómeno más universal a lo largo de la historia de los últimos cien años. La pareja de negros en Lucía III, a pesar de ser más viejos que el protagonista varón, es presentada desde una ubicación superior que debe servir de lección de las nuevas virtudes éticas de los tiempos creados por el nuevo régimen. El tono de esta última parte es abiertamente humorístico y sutilmente propagandístico. Lo cual podemos entenderlo como una crítica en sí mismo si desechamos un insospechado conformismo por parte de Gutiérrez Alea.

Lucía II también comienza igual que las anteriores, identificando lo femenino con el amor, los novios y la ropa: con el espacio íntimo.

Estas tres historias son una narración sobre la maduración de una sociedad pero, paradójicamente, hechas desde tres protagonistas centrales, desde tres individuos, desde tres mujeres concretas. La Lucía genérica va madurando, va adquiriendo una mayor conciencia social, al mismo tiempo que va "descendiendo" de clase: de la clase alta, aristocrática (1895), a la clase media-alta y luego media baja, burguesa, (1932) hasta la última, que pertenece a la clase campesina, además de ser una "guajira" (196...)[28]. El conflicto se expresa no sólo por la elección artística sino también —y suponemos que a propósito— por la ideología de los realizadores. Es decir, en la primera Lucía el individuo aparece como central, único sujeto aparente de existencia, independiente de los problemas sociales pero finalmente atrapado por éstos mismos. El problema social trasciende al individuo, pero éste no toma conciencia de ello —rasgo marxista— hasta que ya es tarde porque ha servido como

---

[28] Quizás lo paradójico es que esta nueva moral (más elevada), este nuevo estado de conciencia, no se expresa tanto *desde* el individuo, sino *desde* el Estado. Y la paradoja más superficial se realiza cuando la "conciencia" es inyectada por dos oradores entre un público pasivo, usando un discurso absolutamente militar. No es, precisamente, el ejército donde los soldados adquieren mayor conciencia: un soldado no es virtuoso por sus cuestionamientos, por su individualidad, por su libertad de pensamiento, sino por todo lo contrario: por su obediencia irrestricta e irreflexiva.

instrumento del sistema social predominante. En las otras dos Lucías podemos ver que la narración *desde* el individuo comienza a conectarse con lo social hasta casi confundirse con él. Es el momento de la *conciencia social*, estado cumbre para la ideología de Lucía.

Las mujeres de Lucía I no son protagonistas de la historia, de su historia; simplemente son instrumentos. Veremos que en Lucía II y en la última Lucía, este proceso se irá acentuando: de la pasividad del objeto hasta el protagonismo del sujeto. En este sentido, Lucía II es, en sí misma, el pivote, el punto de inflexión entre Lucía I y Lucía III. Lucía II comienza con rasgos de su precedente y termina adelantando los rasgos de su subsiguiente.

Elementos simbólicos

Por supuesto que los elementos simbólicos no podían estar ausentes. Rápidamente (porque quizá no son centrales en la "lógica" narrativa) podemos anotar algunas asociaciones históricas. Por ejemplo, la recurrencia a la figura del prisionero estaqueado posee fuertes connotaciones cristianas, en la crucifixión, al mismo tiempo que el sacrificio de Túpac-Amaru —el cual también nos remite al martirio del primero. Sin embargo, tanto la referencia de Túpac-Amaru como la de los prisioneros colgando en fila bajo de un arco están referidos a la iconografía que, después de Bartolomé de las Casas, creó no sin un claro objetivo político el naciente Imperio Británico: la leyenda negra de España, la crueldad dramatizada a través de imágenes que, a diferencia de Guamán Poma Ayala no proceden de testigos sino de "intérpretes". También es simbólico el hecho de que la Fernandina (la mendiga loca-consciente) era hija de un árabe que llegó huyendo, lo cual nos retrae a los años de la Reconquista e, incluso más, a los años de la "purificación" que España hizo —intentó hacer— en los siglos posteriores. También el hecho de que la Fernandina sea monja no puede ser casualidad. Podría haber sido una prostituta o cualquier otra mujer de la sociedad cubana. Sin embargo, la violación de una monja no sólo aumenta el dramatismo —que justifica aún más la locura de la víctima— sino que además se relaciona simbólicamente con la violación de aquellos principios que justificaban la dominación del imperio español en América: la evangelización.

La risa histérica de las mujeres de la clase alta podemos interpretarla como un signo más de esa inconsciencia (social)[29]. Su tarea es alienadora, su rol social también. El resultado no sólo es la frivolidad sino el canto del cisne antes de morir, representado en *Lucía II* por el alcohol. La violación de la Fernandina es concordante con esta perspectiva: el drama de la mujer con una nueva consciencia es relatada con frivolidad y alegría: "allí mismo comenzó la fiesta",

---

[29] Una inconsciencia falsa aparece representada por el discurso de Rafael: "No me interesa la política. No estoy de lado ni de los cubanos ni de los españoles"

dice una de ellas. La solución ante el drama: un mecánico y anestesiante "ruega por nosotros".

El cambio de nombre de Lucía, por parte de Rafael, puede ser simbólico: la convierte en "Gardenia", una flor, estereotipo de lo femenino, de la pasividad, de la fragilidad y de lo tropical.[30] En el diálogo entre Lucía I y Rafael, quien hace las preguntas en el hombre, mientras la mujer se disculpa de haberlo intentado. Su pose debe ser de timidez y pasividad. De leve resistencia. Cuando Rafael le pregunta si ella quiere casarse, asoma un mínimo de cuestionamiento interior en la duda. Luego las "sobreactuaciones" en las ruinas nos sugieren una funcionalidad oculta de los actos que se están sucediendo.

Pero si en algún momento hubo dudas por parte de Lucía I, la fórmula social será más fuerte y, al final, la pasión erótica, rasgo final de la inconsciencia. Tal vez esté de más anotar que el juego de la "gallinita ciega" es profundamente simbólica y consonante con las anotaciones anteriores. No es casualidad que sea Lucía quien deba representar este papel en el juego y en el resto de la trama. En claro contraste, este juego de la "gallinita ciega" se vuelve dramático con aquella que tiene conciencia pero es definida como "loca" y, además, pertenece a una clase de intocables (o innombrables). Aquí el juego infantil se convierte en una nueva serie de agresiones y violaciones: se "personaliza" el

---

[30] En *Memorias del subdesarrollo*, Sergio dirá: "En el trópico todo madura y se descompone con facilidad; nada persiste"

problema social estigmatizándolo en un individuo, que simple la función de la pus en una infección.

En Lucía II encontraremos estos elementos en "la casa en los cayos", en las alusiones al tenis —símbolo de clase social y alejado de las prácticas populares cubanas.

El crimen del padre Amaro

Carlos Carrera, Alfredo y Daniel Ripstein, 2002.

El triunfo ético de la derrota

El padre Amaro

El crimen del padre Amaro comienza con una escena que será poderosamente significativa para la relectura de los acontecimientos que más tarde se irán sucediendo, en cascada, como un juego de dominó: antes de que el joven cura ponga pie en el pueblo, *antes de que baje a tierra*, el ómnibus que lo llevaba a su destino es asaltado. El padre Amaro no sufre ninguna pérdida importante. El que pierde, el que es golpeado, como siempre, es un representante del pueblo. Éste, el representante, antes del asalto le había comentado al padre sus intenciones:

Pasajero abuelo: —Voy a poner una tienda con un nieto. Si la tienda no da, entonces yo me largo al otro lado. Tengo una hija allá.

Con estas pocas palabras el viejo hizo una concisa pintura del actual momento de un mexicano común: su hija se ha ido a Estados Unidos y le ha dejado a su nieto para que se encargue de él mientras arregla su situación económica. El viejo aún intenta nuevas posibilidades —con la generación más joven—, aunque es escéptico sobre el éxito de su último esfuerzo.

Pero es asaltado y le quitan el poco dinero que lleva. Momento justo para dar un perfil del protagonista: antes de bajarse del ómnibus, el joven cura le da dinero al pobre viejo.

Aquí tenemos al religioso. Sólo que todavía no sabemos si el joven cura es una buena persona o si está construyéndose una imagen de sí mismo. Es decir, hizo lo que un buen hombre —y, sobre todo, un buen cura— debe hacer: fue compasivo, generoso, sensible al dolor ajeno. Más adelante, incluso, le "confesará" al padre Benito sus intenciones: "yo sólo quiero servir a Dios". Lo que, de una forma indirecta, el padre Benito, con la conciencia menos limpia, arrugada, advierte que "cura que ladra no muerde"[31].

Sin embargo, al final de la película podemos hacer una lectura distinta: entonces, el joven sacerdote pagó su impuesto, salvó el examen, actuó por deber, no en consideración con el *otro*, sino *consigo mismo*.

La misma lectura se puede hacer del incidente en que el novio de Amalia lo golpea en la calle. El padre Amaro no reacciona. Llevados a declarar ante la policía, el cura levanta

---

[31] Más adelante, luego de mostrarle dónde vivirá, el padre Benito le dice: "A lo mejor estás poco tiempo, si logras complacerme a mí y al señor obispo" Es decir, si es obediente —no a dios sino a las autoridades religiosas— su carrera a roma será vertiginosa.

los cargos delante del propio Ruben, lo que enfurece más a éste que intenta agredirlo nuevamente.

La actitud del padre Amaro pretende ser cristiana: ante la agresión, ofrece la otra mejilla; ante la posibilidad de condenar, perdona.

Sin embargo, estas actitudes, si bien logran conquistar la simpatía del espectador, finalmente se rebelarán falsas —incluso soberbias— en su momento decisivo. El padre Amaro es menos directo y franco que el joven periodista. Es el verdadero hipócrita. Está representando un papel asignado por la tradición católica. Es un actor[32] que debe convencer a la gente y, sobre todo, al obispo, ya que de este último depende su carrera.

Cuando Amalia le dice que está embarazada, el padre Amaro no tiene escrúpulos para tratar de deshacerse de su hijo-problema. Le sugiere tener el niño en otro pueblo y darlo en adopción.[33] Llega a golpearla. Despide sin atisbos de piedad al chofer por su infidencia, dejando en la calle al hombre que debe cargar a la inválida, como un mueble más, sobre un carro tirado por un burro. Después de esta expulsión, los amantes continuarán teniendo sexo en el

---

[32] El gran actor es Lucifer. Los actores, los simuladores son sus discípulos. La gran simulación es representar al Demiurgo como Dios, tal como afirmaban los gnósticos de los primeros siglos del cristianismo, antes que el Concilio de Nicea (año 325) los condenara y luego la oficialidad cristiana los persiguiera hasta extinguirlos. Esto también se corresponde con la idea del chofer de la iglesia: "para mí que el diablo se vino al pueblo hace años".

[33] "Yo no puedo poner en riesgo mi apostolado", dice.

mismo lugar, lo que confirma no sólo la indiferencia por el dolor ajeno, sino también su egoísmo.

Como si no fuera suficiente, el padre Amaro terminará por entregar a su "amada" a su anterior novio, quien debería cargar con su hijo salvándolo así de la vergüenza y de la frustración de su brillante carrera.[34]

Sin embargo, *el padre Amaro sabe representar sólo un papel*, el que le enseñó el seminario, el papel del buen cristiano. Pero cuando se enfrenta a la realidad contaminada del pueblo, de las falsas relaciones que predominan entre sus superiores y el medio que lo rodea, fracasa. Se convierte en un pésimo actor. Miente y no sabe cómo. Es inverosímil.

El colmo de esa inverosimilitud la logrará cuando pretenda justificar sus encuentros con la muchacha. "*Amalia, una niña muy piadosa* —dice a cada uno que encuentra—. *Quiere ser monja. Quiero prepararla* [pero en secreto]"

Cuando la verdad llama, el padre Amaro no responde. Finalmente, se aprovechará del prejuicio favorable que le hace la gente del pueblo, tras la muerte de Amalia, culpando al joven periodista de su muerte.[35] Mentira que el joven cura sostiene fuertemente con el silencio.

---

[34] El padre Amaro reza: "No permitas que me hunda".

Grupos sociales

En *El Crimen del padre Amaro* podemos identificar grupos sociales muy definidos los que, no sólo se corresponden con grupos económicos sino, además con grupos éticos, más o menos definidos.

El primer gran grupo —no por su cantidad sino por la importancia que tiene en la película— es el grupo de religiosos. Es obvio. Pero dentro de éstos, a su vez, hay grupos antagónicos: primero está el "grupo oficialista", integrado por el padre Benito, por el obispo y por el mismo padre Amaro. Por otro, el "grupo hereje", representado por el padre Natalio. Éste, el padre Natalio, es un probable militante de la Teología de la Liberación y probable guerrillero. Lo que es seguro, por lo menos desde el discurso de la película, es que el grupo del padre Natalio representa todo lo mejor que el grupo católico oficialista no tiene: escrúpulos, principios éticos, desprendimiento, solidaridad con los oprimidos y perseguidos, autenticidad en su discurso, correspondencia entre sus prédicas y su acción. Por muchos momentos, el padre Amaro corre el riesgo de pisar la línea que separa a éstos de los oficialistas. Pero en todo momento triunfa en él la obediencia a las autoridades religiosas, lo que no es otra cosa que obediencia a su propias ambiciones personales. Cuando éste le lleva al padre Natalio la noticia de la excomulgación[36], lo hace con la conciencia de que es lo más grave que le puede suceder a un sacerdote en su carrera, es decir, en su vida. Con lágrimas en los ojos, le dice: "ahora estás afuera de la Iglesia". Estar "afuera" de la Iglesia significa "ser nadie", perder toda la identidad, toda esperanza, todo propósito en la vida. Pero el padre Amaro no sólo llora por la gravedad de este hecho, sino porque, en el fondo, sobrevalora al padre Natalio: "Créeme que te admiro, Natalio", le dice, antes de dejarlo. Sin duda lo admira: Natalio es capaz de hacer lo que él sabe que es más noble, pero que él mismo no puede hacer. Su carrera está por encima de sus propios valores éticos y no alcanzará nunca a resolver esta contradicción, al menos que elimine el factor más débil, es decir, el factor ético, los escrúpulos[37].

Por otra parte encontraremos al pueblo, representado en la joven Amalia, en el chofer de la iglesia y en el resto de los personajes que hacen algo útil por los demás. Este pueblo —el mexicano— nunca aparece revelado; cuando aparece, lo hace de forma típica, como los obreros de la construcción del padre Benito que le silban a Amalia al

---

[36] Ni siquiera le plantea mudarse de pueblo, por segunda vez, tal como le había sugerido el obispo, como condición previa a no ser excomulgado.
[37] Cuando Amalia le propone abandonar los hábitos para casarse con ella, él se niega alegando que "lo importante" es su vocación. Aunque enseguida aclara —se justifica—: "*Además*, siendo sacerdote puedo hacer mucho por la gente"

recorrer la obra —es parte del folklore obligatorio de una sociedad machista y latinoamericana.[38]

En oposición ideológica al grupo de los religiosos encontraremos a los ateos, a los anticlericales representados en los periodistas, en el director del periódico, en los jugadores de ajedrez.

Un grupo necesario, aunque esteriotipado[39], es el de los narcotraficantes el cual, por supuesto, estará relacionado con todos los grupos que, de alguna forma, ostentan el poder en México: gobierno, Iglesia, comercio, etc. A diferencia del caso colombiano, donde los supuestos grupos "subversivos" forman parte de la dialéctica contradictoria del poder, en *El Crimen del padre Amaro* el grupo "resistente" del padre Natalio se opone al mismo. También por esta razón —porque "poder" y "corrupción" se han vuelto sinónimos, si alguna vez fueron otra cosa— es que el cura

---

[38] Este pueblo también aparecerá, en un momento, como parte de la estructura psicológica de dominación eclesiástica cuando, después de escuchar un sermón incoherente del padre Amaro, se lanzan enfurecidos a la calle en protesta contra el periódico y a favor del padre Benito. El padre amaro no incita esa violencia, pero la "solidaridad" de los "miembros" pertenecientes a la base de la Iglesia se exacerba y se le va de las manos al predicador mediocre. Otra vez encontramos aquí al padre amaro, al joven sacerdote, al sacerdote "tierno" llenando un intersticio de una ideología eclesiástica que se mueve sola, que hace actuar a sus miembros inferiores, que los usa, los transforma y los amolda.

[39] Otro grupo menor que se encuentra esteriotipado es el de los políticos que gobiernan al pueblo. Creo que es el alcalde quien dice, en tono de burla: "Yo gobierno para mi pueblo, no para mi partido".

rebelde representa lo bueno que todavía no ha sido comercializado.[40]

Un tercer grupo está representado por un solo personaje: la santera, en nombre de los marginados, locos, inescrupulosos como las autoridades y los poderosos, pitonisa, celestina y bruja malvada.

Todos estos grupos, incluido el grupo del padre Natalio, están atravesados por la simulación y la mentira. En este último caso y en el caso de la santera es por una razón de sobrevivencia; en los otros casos, siempre será por ambiciones personales nunca satisfechas.

Todos saben, por ejemplo, que el celibato es la Gran Mentira. Pero nadie quiere reconocerlo:

Madre de Amalia: [*Encontrándose con el padre Amaro*] —Ya me lo había dicho mi hija, muy joven y guapo.

Padre Benito: —Los curas no son ni jóvenes ni guapos. Son ministros de Dios.

En otro momento, la mujer del Alcalde se confiesa y, antes de entregarle al padre Amaro un sobre con dinero, supuestamente del narcotráfico, dice:

---

[40] Considero que todo lo referente a los grupos de narcotraficantes y al Chato Aguilar, se pudo haber obviado, evitado con una ausencia más sugerente. La fiesta, los guardias disfrazados de *cowboys*, son inverosímiles o están mal actuados. La contraseña que hace el padre Benito, dibujando la cruz en el aire y pronunciando la palabra clave "tiburón" es más digno de una serial policial para pasar el fin de semana comiendo pop que de una película que se precia de "latinoamericana".

La mujer del Alcalde: —Ya que ahora conoce mis pecados quiero [invitarlo a mi casa para que] conozca mis virtudes.

Tipos éticos y psicológicos

El encuentro del padre con la muchacha que enamora se da de una forma un poco convencional: unos niños juegan a la pelota y ésta —móvil inocente— se escapa para caer cerca de él quien, después de mirarla acercarse, se la entrega en sus manos. La pelota naranja está llena de simbolismo. No sólo significa un "diálogo físico", el primer contacto, sino que, además, hay una "entrega", una "posesión". Mientras ella recibe la ofrenda, lo mira a los ojos. Lo que en lenguaje callejero se llama "flechazo" o "amor a primera vista".

Esta relación clandestina nace y se propaga como el fuego. No se puede disimular y, cuando los protagonistas pretenden hacerlo lo hacen muy mal. Desde el comienzo el novio de la joven se percata del hecho. No tardará mucho para que la vieja santera haga lo mismo, con mayor elocuencia. Las miradas son evidentes, finalmente el primer beso será en el más público de ese espacio público que es una iglesia de pueblo. Lo mismo ocurrirá con el sitio que encontrará el padre para hacer el amor con la joven, las excusas que usará para ocultar el hecho, etc.

Desde el comienzo de *El Crimen del padre Amaro*, el padre de su novio da una clave de la personalidad de Amelia:

la niña tiene la cabeza llena de "rezaderas", gracias a los "gilipollas[41]" de los curas.

Pero esta cabeza llena de "rezaderas" expresará a su forma la sensualidad que no puede sujetarse a esa edad:

Amalia: [*En la obra de construcción del padre Benito*] —No estoy enamorada de mi novio. [...] Estoy enamorada de Dios.

Con excepción del padre Natalio, todos los demás personajes comparten la misma carencia: los escrúpulos. La santera es un personaje marginal, pero no ha llegado a su pobreza por razones de éticas, religiosas o filosóficas, lo que rápidamente queda demostrado cuando en la iglesia se recoge la limosna: la vieja deja unas monedas y, con la misma mano, recoge un billete. La santera es corrupta y se vale de sus habilidades para sacar provecho propio de la situación. Lo mismo hará con las ostias y con la joven Amalia, cuando consigue un hospital clandestino para realizar el aborto. No muy distinto es lo que hacen las autoridades eclesiásticas —incluido el padre Amaro, por supuesto—, los periodistas y los narcotraficantes.

Parte de la mentira es justificar las contradicciones entre el deseo y el deber, entre los dogmas y la práctica; parte de la mentira consiste en saltar por sobre las leyes de la Iglesia para no pisarlas.

---

[41] No sólo por este término insultante, sino por sus referencias a Franco, deducimos que es un inmigrante español.

Un ejemplo de ello nos ilustra brevemente la anterior observación:

Padre Amaro: —Dime tus pecados.

Amalia: —Me gusta ser sensual. Me toco yo misma cuando me baño y el agua me recorre el cuerpo. ¿Es pecado?

Padre Amaro: —No, no es pecado. El cuerpo y el alma es la misma esencia.

Claro que no sería la misma esencia si fuese el cuerpo y el alma de una mujer vieja y no fuese la mujer que el padre Amaro deseaba.

Y enseguida Amalia agrega:

Amalia: —Pienso que es Jesús quien me toca. ¿Eso es pecado?

Padre Amaro: —Sí, es pecado.

El mismo Padre Amaro será quien, antes de hacerle el amor, la compare con la Virgen María y concluya que ella es más hermosa.

También el padre Benito afirmará, con contundencia, que la idea de abolir el celibato es una "pendejada".

Más clara aún, la idea antes expuesta se advierte en el siguiente diálogo:

Padre Benito: —Al dinero para las buenas obras no hay que ponerle peros.

Padre Amaro: —Es dinero lavado

Padre Benito: —El verdadero lavado es ante Dios.

La misma posición retórica es la del Obispo que, con una racionalidad que era común en Martín Lutero (también cristiano, sí, pero enemigo):

Obispo: —Donde abunde el pecado sobrará la gracia de Dios. Para Dios todo tiene remedio.

Será a causa del Obispo —es decir, de la autoridad, del sistema— que el padre Amaro comenzará a practicar el juego de la mentira, la extorsión y la estrategia inescrupulosa para conseguir resultados personales. Es, precisamente, cuando el nuevo cura va a hablar con el director del diario que publicó una artículo denunciando los vínculos de la Iglesia con la guerrilla, vínculo que aparece como probable, no probado, pero, en todo caso, no es presentado como el vínculo perverso sino, por el contrario, como el vínculo con las víctimas de las sierras, las víctimas del narcotráfico y del gobierno.

Padre Amaro: [*Al director del diario*] —¿La verdad se sostiene de los lectores o de los avisos? Se lo digo porque el obispo puede acabar con la publicidad...

Un breve diálogo entre el padre Benito y su amante confirman la contradicción no sólo entre el discurso y los hechos, sino también entre el discurso y el pensamiento:

Padre Benito: —Te convertí en la puta del cura.

Mujer de Benito: —Tú me dijiste una vez que el único infierno es la soledad.

Padre Benito: —¿Eso te dije? Ojalá yo lo entendiera así.

Simbolismo

No hace falta mencionar que *El Crimen del padre Amaro* estará llena de sensualidad, hasta que la atracción del joven padre y la muchacha se consume. A él lo mueve el deseo; a ella la mueve el amor. También esta posición del drama es anacrónico, pero no olvidemos que la película está basada en una novela escrita a fines del siglo XIX. Ahora, Carlos Carrera debe resolver, usando imágenes, esta sensualidad. Recursos de la liturgia no le faltarán. Si dio de comer la ostia a un gato, ¿por qué no habría de usarla para crear una imagen sensual en el altar mismo? Me refiero al momento en que el padre Amaro le pone la ostia en la boca de la joven Amalia. La identificación de Jesús con la Pasión es doble, y lo ha sido probablemente desde siempre. También aparecerán imágenes de Jesús cuando el padre Amaro y Amalia comienzan su relación carnal.

El lugar donde los jóvenes "pecadores" harán el amor repetidas veces está precedido por un largo muro lleno de manchas. El simbolismo es demasiado directo.

No es tan directo pero sí resulta impactante y significativo, el papel representado por la paralítica. Ésta —como todas las mujeres del pueblo— se enamora del padre Amaro. Y, como una de las escenas más impactantes que pudo producir *El crimen del padre Amaro*, la paralítica sufre con el sexo que su enamorado tiene con otra joven —con una joven hermosa. Así, los gritos de placer del coito son reemplazados por los gritos de profunda desesperación de la paralítica. Ésta es la más pura encarnación del dolor físico y moral.

Por otro lado tenemos a los opositores formales. Me refiero al director del periódico y la gente que lo rodea, todos anticlericales. Esto no sólo se "sugiere" con las repetidas escenas que los muestran jugando al ajedrez, sino que además son ellos *los portadores de la palabra escrita que no obedece a Dios*. El periódico también genera conciencia y opinión en la gente, pero no en nombre de Dios y, como se verá en la película, de una forma abiertamente anticlerical —lo cual resulta en el choque más importante entre estos dos grupos.

Sin embargo, el verdadero opositor está dentro de la estructura y dentro de la tradición de la Iglesia, surge de ella y es expulsado por hereje. El padre Natalio, el cura rebelde, es el único de su iglesia que lleva barba. La barba no sólo representa al contestatario, sino que lo acerca a la imagen del cristiano primitivo —original. Su compromiso con los sometidos es real, no de palabra. Predica en las sierras, en un medio inhóspito; su iglesia es una construcción precaria que ellos mismo hacen con sus propias manos —tarea de la cual el padre Amaro participa sólo de forma simbólica, en una de sus visitas al "mundo real"

En un plano menor, advirtamos que Amaro y Amalia son semejantes. No debemos analizar esta coincidencia como un hecho de facto, de hermenéutica sobre un texto religioso antiguo o producto misterioso y revelador del inconsciente. Apenas sirve para descubrir un juego consciente de los autores de *El crimen del padre Amaro*.

Es importante, en este resumen analítico de los símbolos de la película, remarcar la apariencia física del protagonista. Gael García Bernal es lo que se podría decir un muchacho lindo. Su masculinidad no está fuertemente acentuada —según cánones occidentales—. Hay un perfil casi femenino, es decir, delicado, inocente, angelical y —se debe suponer— sensual. También el personaje apoya este perfil con su interpretación: desde el inicio, el padre Amaro se presenta como un joven bondadoso e inocente, de nobles valores, dispuesto a ayudar al prójimo, a los pobres, a los feos. Es una especie de ángel que enamora a todas las mujeres del pueblo. Desde las viejas hasta la paralítica que se aferra de su brazo con la fuerza que no tiene. No se espera de él la revelación que, después de la extorsión al director del diario, comenzará a revelarse momento a momento. Aún así, la confianza en la apariencia física hace esperar una reivindicación de su valor en una confesión final que nunca llegará. En su lugar predominará la irremediable cobardía, el egoísmo o —peor— la conciencia fría y oscura del anticristiano.

Dentro de los simbolismos podemos notar un importante grupo de contrastes:

Contrastes, parodia e ironía

Cuando el padre Amaro entra a la que será su iglesia, lo primero que escucha es un canto de la vieja curandera: es caricaturesco, agresivamente desafinado, casi al límite de la parodia y de la blasfemia[42]. Por si fuese poco, esta misma mujer usará las ostias como alimento para sus gatos, con el agravante de decirlo de forma explícita: "toma tu medicina, es el cuerpo de Cristo". Más adelante encontraremos el mismo símbolo "desacralizado" casi hasta el límite de la blasfemia, representado por un grupo de niños comiendo ostias con ketchup.[43] En otra escena posterior se mostrará este mismo ambiente como una combinación surrealista de gatos y muñecos. Y, casi al final, cuando el padre Amaro va en busca de la santera para conseguir a un médico que aborte a su hijo, la vieja le dice: "Ésta es mi iglesia particular", y a continuación, le muestra los santos que ha coleccionado.

Un contraste o contradicción ético-teológica se produce cuando el padre Amaro, sabiendo del embarazo de Amalia, le reza a la virgen pidiéndole un milagro. Ese milagro llega: Amalia acepta hacerse el aborto.[44]

---

[42] Canta: "Los ángeles cantan y alaban a Dios"
[43] Un problema ético de realización se produce aquí, cuando niños —menores— son usados para representar una escena con una carga religiosa y simbólica tan fuerte. No podemos saber qué rechazo moral puedan tener dentro de diez o quince años.
[44] El padre Amaro afirma que Amalia es libre para hacerse el aborto por su propia voluntad. Esto tiene un efecto doble: 1) El cura no se hace responsable de la decisión del aborto de su propio hijo; 2) tampoco le impone a una mujer una decisión dictatorial, aunque la presiona para que su decisión sea favorable a su deseo: el aborto. Habrá un momento de sinceridad cuando, esperando el resultado del aborto, le dice al abuelo-

También hay un contraste que es, al mismo tiempo, una nueva simulación: las campanas que sonaban originalmente en el campanario han sido sustituidas por una grabación que se emite a través de altavoces.[45] Un contraste semejante sucede cuando el padre Benito remonta vuelo en la avioneta del narcotraficante para curarse en un hospital lejano. El vuelo es ambientado con un coro religioso, casi gregoriano.

Contraste o discordancia con la vestimenta: cuando Amalia va a tomar "clases para convertirse en monja", aparece como la joven virgen entre muros sucios, entre puertas despintadas —lo cual ya vimos como alegoría—. Pero además el uniforme de monja de Amalia es del todo contradictorio: una minifalda.

Un contraste final —parte de la actuación de padre Amaro, parte de la mentira del discurso eclesiástico— lo confirma el propio padre Amaro cuando oficia misa ante el cuerpo presente de Amalia: la llama "*hermana* Amalia".

También la paralítica supone un cruel contraste con los jóvenes haciendo el amor en la pieza de al lado: la voluptuosidad del sexo y la inmovilidad de la enferma; los gritos de goce y los quejidos, gemidos casi mudos de la paralítica.

---

pasajero que encuentra en el hospital clandestino: "[No vine para que alivien a ninguna muchacha] vine a que me alivien a mí".
[45] Este hecho no es una invención de la película. Existe en muchas iglesias y no se explica cuál es el inconveniente de las viejas campanas sino la incomodidad física de mover aquellos gigantes y nobles moles de bronce.

Otro contraste, esta vez ético, se produce en la misma escena. El padre Amaro anda en procura de alguien que mate a un feto diciendo: "busco un doctor para traer niños al mundo"

Pero, como en ningún momento el padre Amaro es verosímil, en ningún momento ha aprendido a mentir a pesar de que lo ha hecho repetidas veces desde que llegó al pueblo, y, además, porque está buscando ser descubierto ya que espera que *el otro* haga lo que él no puede hacer —decir la verdad—, y porque la santera es harto perspicaz, ésta enseguida advierte y le contesta:

Santera: —Usted lo que quiere es un aborto, padrecito"
El padre Amaro le da dinero y ella responde:
Santera: —Que Dios lo bendiga, padrecito.

También se confirmará esta dialéctica de los contrastes ético-simbólicos cuando el padre Benito bautiza a una hija del narcotraficante. La ceremonia es breve y se la presenta como un trámite obligatorio que es hecho con la mayor diligencia antes de la fiesta, como el rezo acelerado de un hambriento precede la aniquilación de un banquete. La ceremonia cristiana es sólo la justificación y la apariencia de la fiesta dedicada al verdadero dios: Baco.

Un contraste final y trágico lo realiza el coro que canta en la misa de velorio de Amalia:

Jesucristo te llamó
Para estar con él
Él te esperará

*Con los brazos abiertos
Padre voy a Ti.*

Humor

El Crimen del padre Amaro es un drama y una comedia al mismo tiempo. Como es norma, los acontecimientos cómicos son muy anteriores al drama que, invariablemente, debe ir al final. Este orden está invertido en las películas dominantes del cine norteamericano, pero no en un género latinoamericano que no pretende divertir —relajar, es la función de la risa después de la tensión— sino, por el contrario, pretende ser más conmovedor y, si es posible, crítico.

Así que en la primera mitad encontraremos expresiones como:

Amalia: —¿No crees en Dios?

Novio: —Puede ser. Pero no me gustan los curas.

Amalia: —¿Eres comunista?

Lo cual de paso sirve como crítica irónica hacia la ingenua perspectiva popular, dominada por el discurso de la ideología dominante.

O cuando, después de hacer el amor con el cura, Amalia enseña los diez mandamientos y cambia el significado del sexto: "no fornicarás significa que no vas a comer carne en semana santa"

El crimen del padre Amaro es una película abiertamente anticlerical, deliberadamente provocativa. Sus estrategias son a veces el humor y la ironía y, sobre todo, la exposición explícita de la doble moral de los representantes de la Iglesia Católica. Poniendo en evidencia estas graves contradicciones evidencia también la ilegitimidad del poder, no sólo religioso sino también político y económico. Por supuesto que en esta película no se tratan temas nuevos, ni siquiera de una forma novedosa —*El pájaro canta hasta morir* se le parece. El libro en la que está basado es del siglo XIX.

Sin embargo, el momento es apropiado. Es necesario *recordarle* a los desmemoriados la tradición oculta: la corrupción moral y discursiva de los sacerdotes, su pedofilia, su falso celibato, su falso amor, su falso sacrificio en bien de los demás. Claro que también corre el riesgo de provocar su propia caza de brujas...

Una lectura a través de Mas'ud Zavarzaeh

Para Zavarzaeh, la relación entre el centro y el margen es una relación de oposiciones —conflictiva— entre exclusión e inclusión. Su crisis es uno de los síntomas de la Posmodernidad[46].

---

[46] *"[The] relation between the center and the margin [...] is itself a symptom of the crisis of Postmodernity and uncertainty about the norms that*

Sin embargo, ¿qué significa, exactamente, "crisis" de la relación tradicional entre el centro y el margen? Sin duda que ésta no ha cambiado desde el neolítico: hay un centro desde el cual se emite un discurso predominante que es, al mismo tiempo, excluyente. Quienes son perjudicados por ese discurso o quienes lo resisten deben, necesariamente, ubicarse al margen. La crisis de esta relación dialéctica significa, antes que nada, una conciencia y un cuestionamiento ético de esta relación, mucho antes que un cambio estructural —espacial— del centro tradicional.

Ahora bien, ¿cómo somete el centro y cómo se defiende el margen, cómo reacciona el margen y cómo se reorganiza el centro?

Es importante anotar que el centro es el principal productor de "legitimaciones", es decir, el principal redactor del discurso ético predomínate. Pero este discurso necesita de un enemigo: el margen. Personal-mente, creo que una de las fortalezas del centro en relación con la *res intermedia*[47] consiste en mantener una clara relación ético-simbólica con el margen. Es decir, el centro necesita del margen. Sin el peligro y la amenaza, no podría existir una dominación ideológica efectiva. Es por esta razón que el centro debe

---

might "justify" and "explain" the acts one undertakes." Mas'ud Zavarzaeh, Seeing Films Politically, pg. 169. State University of New York Press, Albany, 1991.

[47] Con este término de dudosa comprensión, me refiero al cuerpo social que se ubica entre el centro y el margen y que constituye, seguramente, la mayoría social.

combatir el surgimiento ético-contestatario del margen, pero nunca suprimirlo completamente. Si no existiera un margen —hecho dialécticamente imposible— el centro lo inventaría.

Una segunda forma de "manipulación ideológica" que practica el centro, aparte del antagonismo, es la "absorción". Lo que también podríamos llamar, "integración de la exclusión" o "anulación del disenso".[48]

Lo que aún queda sin aclarar es si el centro es plural o no. Sabemos que el margen lo es, pero la respuesta no es tan clara cuando interrogamos al centro. Cabrían dos posibilidades: a) el centro es único, por naturaleza ideológica y de organización jerárquica; o b) el centro es una pluralidad "coherente", es decir, capaz de integrar los distintos niveles y categorías de discursos de dominación: racial, de clase, económico, de género, etc. —una mujer de clase dominante sería, de alguna forma y al mismo tiempo, marginal por su sexo.

Desde este punto de vista, *El crimen del padre Amaro* construye un discurso que, originado probablemente en el centro, se ubica conscientemente en el margen. Sabemos que parte fundamental de la ideología dominante, la ideología "central", consiste en asociar al margen con

---

[48] [Hollywood films] *attempt to recuperate the radical margin as a "reformist" discourse. The margin and its discourses, in a gesture of open-mindedness, as seen as having a "positive" effect on the center"* Op. Cit. p. 170. "[en *Desperately Seeking Susan*] *margin that can form a moral coalition with the center"* Op. cit. pg. 178.

descalificativos éticos, como pueden serlo de orden social, sexual o de producción. Es decir, el margen es improductivo, desordenado, peligroso para el orden y la seguridad, sexualmente desviado o contra natura, inmaduro, etc.

En las películas de Hollywood, el margen finalmente se integra al centro —el hippie, el bohemio, el contestatario, la mujer "libertina", etc. Pero no sólo como forma de "reformar" algunos elementos disfuncionales del centro —al que deberá ayudar a recuperar su propia centralidad en tiempos de "desviación"—, sino reconociéndose incapaz de cambios serios y como característica de la inmadurez psicológica, ideológica, productiva y moral.

Por el contrario, en *El crimen del padre Amaro* el centro triunfa finalmente en la trama, lo cual significa una derrota ética necesaria en la meta-trama, es decir en las lecturas probables del espectador. El centro es moralmente corrupto.

También se da una paradoja que, aunque pueda sorprender, no es para nada propiedad de la posmoderni-dad, sino de los orígenes del cristianismo: el centro representa la fuerza y el poder social, la dominación, *al mismo tiempo que la marginalidad ética*. Desde este punto de vista, este discurso es, marginal. Sólo el poder del dominante puede imponer una censura de expresión; pero el censurador es, históricamente, el que ha perdido la batalla por la legitimación ética, porque su discurso es insuficiente.

El padre Natalio representa al típico marginado: se encuentra en la clandestinidad política y eclesiástica. También se encuentra marginado por el poder político, civil, representado por el periódico del pueblo. Sin embargo, es el único "héroe-ético" que se destaca en el discurso de *El crimen del padre Amaro.* Su derrota, la excomulgación —la separación definitiva de la corrupción y del poder— como la de Jesús, es la única forma efectiva de triunfo moral.

El hijo de la novia

Juan José Campanella, 2001

Introducción

En *El hijo de la novia* hay una sátira inicial al mundo contemporáneo representado, fundamentalmente, en la figura de Rafael (Darín) y su ya clásica relación que éste mantiene con su teléfono celular.

Como no podía ser de otra forma, la sociedad se filtra en las historias familiares y personales, pero en este caso también lo hace de una forma consciente: la crisis económica argentina, la corrupción de las relaciones públicas, etc.

Sin embargo subsiste —y es razón de ese mismo conflicto— la tradición de la amistad y "la familia", acentuada en el Río de la Plata (concretamente Buenos Aires) por la tradición italiana. Los personajes pertenecen a una familia de inmigrantes italianos, típica.

Pero la crisis (la encrucijada) no sólo es económica sino que, además, representa un cambio en las relaciones personales. Las nuevas formas de vida se filtran entre las viejas para producir un cambio negativo, la mayoría de las veces. En *El hijo de la novia* ese cambio está representado por el estresante mundo de los negocios que exigen al hijo vivir por y para su trabajo, en contraste con el idílico mundo de su padre quien, junto con su madre, pudo iniciar el restaurante y desarrollarlo de forma romántica, entes que puramente materialista. Aun así, la locura de la carrera no es suficiente. Apenas da para no caerse en la crisis económica y ante la competencia foránea pero a un muy alto precio: la salud de Rafael y el deterioro de sus relaciones afectivas. Éstas, no sólo están representadas en su incapacidad de comunicación con sus parejas y su hija —la cual se siente ignorada—, sino también en su relación con su madre.

Sin embargo, aquí aparece otra dimensión de *El hijo de la novia*, la cual traspasa el presente del protagonista: el comercio emotivo con su madre, a través de los signos afectivos, ha sido igualmente insatisfactorio y, cuando parecía haber sido resuelto por una hiperactividad laboral, en procura del éxito, se revela inmutable, como una deuda pendiente que, a causa de la enfermedad de su madre, parece imposible de pagar.

Creo que se debe anotar además las permanentes contrastes e *inversiones* que se dan en *El hijo de la novia*. Existen notables inversiones de los focos temáticos, de los planos discursivos —la filmación y las escenas "secundarias"—, la inversión del sentido religioso —el rito religioso en la iglesia—, la inversión del camino iniciado por el padre es revertido por éste mismo, la aparente "traición" del amigo que sirve para llamar la atención sobre su relación amorosa, su —clásico—regreso al pasado en rescate del presente, todo lo cual expresa una *inversión en el sentido* de la vida:

¿cuál es el objetivo de nuestras acciones? ¿El éxito o los afectos? ¿Escuchar o ser oídos? Etc.

Desarrollo

El hijo de la novia comienza con una escena que sabemos —por su técnica narrativa y fotográfica, por su vestuario, por intuición— pertenece a la infancia de alguno de los protagonistas. Niños jugando con una pelota vieja, en un escenario marginal, destruido, casi cementerio, vistiendo camisetas de los clubes de fútbol de Buenos Aires, Boca y River, desarrollan un "pequeño" conflicto de poder infantil. Es momento en que aparece el *Zorro* (Rafael Belverdere, en su infancia) con una onda o gomera para hacer justicia. Podría ser intencional el hecho de que *El Zorro* viste la camiseta de Boca Juniors —representante de lo popular, al extremo— y es perseguido por su clásico oponente deportivo y barrial, River Plate, los "millonarios". Ésta, como muchas otras escenas en la película son de corte clásico: el niño justiciero se convertirá en otra cosa, pero jamás olvidará su pasado ideal y se encargará de traducirlo y repetirlo como legitimación de sus actos futuros. Cuando se convierta en empresario gastronómico, le recordará a su padre —o, mejor dicho, pondrá en boca de su padre— que él le enseñó a luchar por "ideales". A lo cual su padre (Héctor Alterio) se lo negará haciendo uso de la parodia y el humor.

Luego de las imágenes nostálgicas de la infancia —marca de fábrica del Río de la Plata, de la filosofía del tango, del cariño protector de "la nona"— irrumpe el presente con toda su locura —también arquetípica—: el mismo dueño de los ojos azules come apurado, al mismo tiempo que trabaja, ordena y habla por su celular en todo momento y en cualquier lugar. Acentuando esta imagen de la alineación posmoderna, el teléfono celular es borrado de la imagen mediante el uso del micrófono y el audífono (lo que facilita hablar sin dejar de "trabajar"), lo cual refuerza una imagen patética: el nuevo trabajador, el empresario *habla solo*, está tan alienado como su madre. O más —como en muchas partes de la película se sugerirá.

Inversiones

Cuando algunos especuladores le ofrecen vender el restaurante a Rafael, procuran persuadirlo diciéndole que es un tiempo de crisis. A lo que Rafael responde:

Rafael: —¿Cuándo no hubo crisis? Siempre hubo crisis. Vivimos en permanente crisis.

Es decir, la crisis —la excepción— es lo normal, la regla. Lo excepcional en un mundo disparatado, que ha perdido el sentido de su acción, es la regla.

Cuando la madre de Rafael le pregunta reiteradamente a su nieta cómo se llama, y ésta responde: "Victoria", enseguida su padre, Rafael, le explica que "la abuela repita las cosas porque está enferma", a lo que la hija —marginal por su edad— le responde, con gesto cansado: "Ya lo sé; *me lo has repetido cientos de veces*". La inversión consiste, claro está, en la conclusión: el alienado, el que no comprende y repite, es Rafael.

Cuando Rafael golpea a un empleado porque es lento e ineficaz, lo hace en nombre de "El paladín de la justicia", remedando humorísticamente la "Z" del héroe infantil. Sin embargo, su acción violenta se dirige a un individuo marginal, sin poder. Es una "Z" que se hace no al trasero del poderoso sino sobre la cabeza del desposeído.

El amigo que regresa toma por un momento su lugar en su familia, lo que le hace reaccionar; primero negándolo, luego reconociéndolo. Por otro lado, también el amigo sale en busca de los amigos luego de perder a su familia: busca llenar una carencia provocada por una tragedia, y lo hace a través de la *sustitución*.

Cuando el padre va a pedirle a su mujer que se case con ella, ella le responde con un insulto, lo cual es casi una norma en este personaje de Norma Aleandro. Y más tarde, al final, se desarrolla el siguiente diálogo, que no, molesta a ninguno:

Padre: —¿Dónde vamos de luna de miel?
Madre: —A la mierda.
Padre: —Yo voy a estar a tu lado
Madre: —Qué pesado.

Contrastes

Aparecerán varios contrastes. Usando la técnica fotográfica, se reforzarán símbolos:

La pareja de ancianos enamorados es alternativamente mostrada con el hijo de fondo, hablando frenéticamente por su teléfono celular. A las palabras calmas y comprensivas del padre contrasta la incomprensión del hijo y su vocabulario lleno de insultos y exabruptos del hijo.

Cuando los tres llegan de regreso al geriátrico, la madre dice: "Yo a tu papá no lo dejo aquí". Luego de entrar, su imagen se superpondrá con la imagen del rostro de su hijo reflejada en la puerta de vidrio, lo cual supone un cuestionamiento: no queda claro si es "lógico" si la madre debe estar allí o con su familia, pero en todo momento se le echa la culpa a "esa enfermedad" que sufre su madre: *la pérdida de la memoria*, que le impide vivir entre los demás.

El festejo del cumpleaños de la madre lo hacen el hijo y el padre en ausencia de la homenajeada, que aún vive en la misma ciudad. Esta significativa ausencia es multisignificante: la madre ha muerto en alguna forma, es el pasado que se ha ido. Ambos brindan con el mejor champagne a mirando una ausencia, mientras dicen: "Feliz cumpleaños, mami". Pero, al mismo tiempo, el festejo es absurdo, carece del sujeto, quienes lo han organizado han perdido el sentido de la ceremonia, no por la demencia de la madre sino de ellos mismos, lo cual será revertido, en parte, hacia el final, lo cual comienza a fraguarse en este preciso instante.

Cuando el padre le revela su intención de casarse por iglesia, el hijo le cuestiona: "¿Qué pasó con tus principios [49], papi?"

Son satíricos los contrastes que Campanella hace del cura con su calculadora. También en la personificación del sacerdote como un actor, como un profesional del espectáculo, lo cual será presentado dos veces: la primera en cuerpo del cura que hace las pruebas de sonido con su discurso; la segunda con el actor-cura, en el casamiento montado para la madre.

Problemática psicológica

El protagonista, Rafael, hará explícita sus conflictos emocionales. El quiebre de la relación con su madre —la mama, la nona protectora— a consecuencia de una desobediencia suya —el haber abandonado la carrera de abogacía— dejará una huella profunda en él, en el hijo no reconocido, no aceptado por su madre. Pero el hijo tratará de demostrarle, a toda costa, que él "no es un inútil", a pesar de que no llegó a ser *"m'ijo el dotor"* [50]. De nada servirá que su padre cuestione esta interpretación grabada en su consciente-inconsciente: "¿Quién te dijo que eras el inútil de la familia?"

---

[49] Debemos suponer, anticlericales, probablemente ateos.
[50] Alusión a la clásica obra teatral del mismo título del dramaturgo uruguayo Florencio Sánchez.

En este caso conflicto de Rafael será, sobre todo, egoísta pero atendible: Él necesita que su madre le reconozca su valor, pero ella ya no puede hacerlo [51]. De todas formas, se empeña en obtener un signo de este reconocimiento y lo que obtiene es una confesión: también la madre sufrió el "desamor" de su madre [52].

Este reconocimiento es parte de la carencia, y Campanella tendrá otras oportunidades de expresarlo de forma diferente. Cuando el padre propone a su hijo su deseo de casarse por la Iglesia con su madre, Rafael le dice que es una locura, *porque no se va a dar cuenta* de nada. Si no se da cuanta no tiene significado, valor. A lo que el padre confirma. "algo se va a dar cuenta, aunque sea un poquito". Incluso después del ataque al corazón, cuando procura efectuar un cambio en su vida, reconoce otra vez la importancia del reconocimiento ajeno: "Tanto laburo[53] para ser alguien y tengo un *restorán* que *no le interesa a nadie*".

Ahora, ¿cómo se supone que Rafael procuró superar este conflicto, esta carencia de reconocimiento maternal? A través de la obsesiva realización laboral. Una actividad que no sólo le impediría detenerse a pensar —el querer y creer que debía estar en todos los detalles de su negocio— sino

---

[51] Rafael: —Levanté el restaurante. Cuando podía demostrarle algo que podía hacer, se enfermó.
[52] Madre: —Mami no me llama nunca.
 Rafael: —¿Te acordaste de la abuela?
 Madre: —Ella no me quiere.
[53] Deformación del italiano "laboro", muy popular en el argot rioplatense.

que, además, le procuraría éxito: "Me ha ido mucho mejor que unos cuantos profesionales que conozco", dice Rafael, lo cual no sólo es una realidad social en Argentina, sino un objetivo del personaje que necesita compararse con lo que estima más importante (resultado del modelo materno). Ahora, está desesperada carrera por demostrar ese éxito laboral que, supuestamente, supliría la carencia, el protagonista necesita *estar solo*. Los otros y sus afectos significan un obstáculo en su carrera competitiva. Esto no sólo se refleja en la relación con su exmujer, sino con todos los demás. A su novia le propone "más libertad", a pesar de que la quiere[54], a su hija le advierte: "No te pongas hincha pelotas[55] que de vos no me puedo divorciar".

Para mantener este orden mecánico, también las relaciones familiares, fragmentadas pro las separaciones, divorcios, desencuentros, nuevas uniones, deben estructurarse como los negocios: "Hoy es jueves —dice la hija—; me toca con papá". Acto seguido, y después de una disputa de posesión, el padre se la lleva corriendo, con la misma urgencia que lleva con sus asuntos profesionales.

---

[54] Creo que la forma de presentar esta propuesta no está bien resuelta, pero eso no hace al análisis psicológico sino a la realización formal del guion.
[55] Una carencia fundamental de las traducciones a pie de imagen consiste en no "representar" el espíritu del lenguaje porteño. Hay groseras simplificaciones que resultan en una castración absoluta de la expresión original.

Todos los demás personajes, pese a esta fragmentación familiar, logran recomponer nuevas relaciones. Incluso su novia establece una amistad con su hija que no logra él mismo, y lo mismo se puede decir del nuevo novio o compañero de su exmujer[56].

Pero el ataque al corazón debe suponer un dramático llamado de atención. Significará una inflexión en su vida, lo cual se hace patente apenas despierta en la cama del hospital. Entonces reconoce que uno de sus sueños es "irse a la mierda".

Esa es su solución inicial: ante el conflicto irresuelto, huye. El trabajo obsesivo también era una forma de huida, por lo cual no es en este momento cuando reconduce su vida. Irse a México a curar caballos es un cambio más de forma que de contenido.

Pero Rafael también huye del amor. "Estar enamorado son cosas de chicos".

Su verdadero cambio lo hará desde adentro, cuando se replantee sus relaciones amorosas y familiares.

Simbología

Considero que en *El hijo de la novia* la simbología no está forzada, aunque tampoco se profundiza en esta posibilidad artística.

---

[56] No me refiero a un cambio de sexo. Probablemente el término más justo sería *exesposa*.

Aparecen ciertas recurrencias a los colores, como las paredes azules siempre en contraste con alguna vestimenta femenina roja. También son azules muchas de las vestimentas, incluida la túnica que usa Rafael cuando sale de su habitación (como un fantasma portando su propio suero) y, al darse vuelta muestra las nalgas. Es violeta —es decir, azul más rojo— la remera que usa en otras ocasiones. También es azul el cuaderno de poesía de la hija.

En el momento en que Rafael sufre el infarto —inflexión de la trama y en la vida del protagonista— éste cae sobre el retrato de su madre, lo cual constituye casi una alegoría, un poco inverosímil pero aceptable como narración semiótica. Luego despertará de su ataque al escuchar la voz de su madre que lo llama.

Al regreso de Rafael, después del ataque, los amigos lo reciben con una torta con forma de corazón y una flecha atravesándola. Quizá lo más significativo sea la única vela que la corona, lo cual significaría un renacer —aunque considero que esta simbología no es trascendente para el resto de la película.

Más interesante es la asimilación del teléfono vibrador —que está en el bolsillo izquierdo de la camisa de Rafael— con un ataque al corazón. Al mismo tiempo, éste sirve para contrastar con el silencio de la iglesia. Precisamente, Campanella hace una toma muy alta en este recinto para subrayar la pequeñez del hombre que camina hacia el altar.

Cuando finalmente Rafael firma la venta del restaurante, al sacar el papel del contrato la cámara se queda con su imagen reflejada en la mesa de vidrio: su cabeza está para abajo, *invertida*. Recurso que se repetirá cuando vuelva por última vez al restaurante: las sillas están todas patas para arriba, luego de la limpieza de los pisos.

Las alusiones al psicoanálisis son frecuentes. Por ejemplo, cuando Rafael discute con su exesposa ésta le dice: "el índice de las obras de Freud te describen". También Rafael le dirá a su novia: "Llevame a la cama, pero no al diván". Por otra parte, serán constantes las alusiones a terapias, etc.

Sin embargo, creo que la simbología más importante de *El hijo de la novia* —y la que estructura una trama subterránea— es la que se refiere a la zaga de *El Zorro* [57], el justiciero. Éste aparecerá reiteradamente, ya desde el inicio en el juego de los niños, luego en el mundo de los adultos, con frecuentes alusiones a cada personaje —como el del sargento García, etc.—, o en las películas que Rafael verá en soledad en sus momentos de crisis existencial.

El Zorro es un justiciero y, como todos los arquetipos de la época, es *un solitario* —como *El Llanero*, etc.—. Para este arquetipo, el éxito y la justicia dependen de un solo hombre y, por si fuese poco, es posible.

Sólo el amigo recurrirá a esta historia para contradecir al discurso positivista del héroe infantil: "Los de catorce siguen fregando a los de ocho". Pero el Sargento García ha

---

[57] Serie norteamericana popular entre los niños del Río de la Plata durante los años '60 y '70.

descubierto la triste verdad y, además, ha sido derrotado: "Yo no tengo familia, Rafael, vos sí".

Incluso, los personajes secundarios de *El Zorro* se repiten en *El hijo de la novia*: por ejemplo, cuando al final Rafael —el Zorro, don Diego— le juega una broma a su amigo —el sargento García— jugando con su inocencia: lo entrevera con su exmujer, mintiéndole que ella estaba interesada en el cura que él representaba.

Finalmente, Rafael hace una declaración-confesión a través del portero eléctrico —a través de una imagen azul, fría—. Lo que no pudo hacer sin intermediarios, lo hace usando la tecnología que antes lo mantenía esclavizado.

Contexto histórico social

La relación de la historia y la memoria es compleja y conflictiva en cualquier sociedad y, probablemente, lo es aún más en sociedades latinoamericanas como la rioplatense. Especialmente cuando sus historias más recientes están atravesadas por las peores violaciones a los Derechos Humanos que no pudimos ver detrás del Orden Salvador.

¿Qué recordar y qué olvidar? ¿Es bueno recordar o sólo sirve para atarnos al pasado? Hasta el momento, preguntas de este género no han sido nunca consideradas desde el discurso oficial y público sin una fuerte dosis de carga ideológica. En ocasiones, la izquierda política se ha servido de la memoria para su propia reivindicación; por otro lado, la derecha —autodefinida, no sin razón, como eterno "centro"— ha manipulado el olvido como forma de aumentar su radio de dominación económica, bajo la amenaza del "regreso al desorden" que, contradiciendo a la bandera brasileña, nos impida alcanzar el "progreso". Y en esta carrera hacia el progreso —confundido sistemáticamente con el modelo materialista del primer mundo— todo es válido. *Incluso el olvido.*

Como bien lo expresa Marina Pianca[58] "no es sólo lo que recordamos sino lo que hacemos a partir de ese recuerdo". Seguido, Pianca nos advierte que esta ideología del olvido —reconocible en la posmodernidad y, sobre todo, con la aparición meteórica de los legitimadores del poder, del orden actual, del orden inevitable, del mejor de los mundos posible, como F. Fukuyama— no es una novedad, sino que había sido advertida ya en 1966 por Ángel Rama[59] bajo el nombre de "apaciguamiento ideológico".

En el caso del Río de la Plata, el olvido fue organizado por la clase política y confirmado, de alguna forma, por gran parte de la población. En Argentina se llamó "Punto Final", e incluyó el clásico perdón que está reservado siempre para mayoristas del crimen; en Uruguay ni siquiera existió la oportunidad de iniciar juicios contra los violadores de los Derechos Humanos, ya que una previa ley de amnistía a los supuestos subversivos debía legitimar una amnistía posterior a los militares que llegó con una ley conocida

---

[58] La política de la dislocación (o retorno a la memoria del futuro).
[59] Ángel Rama, revista *Marcha*, Montevideo 20 de mayo 1966.

como Ley de la Impunidad, la cual fue confirmada por la población en un referéndum que dividió al país en dos. [60] (la cual será, seguramente, re plebiscitada en el año 2005, a pesar del mecanismo jurídico-penal que prácticamente niega esta posibilidad).

En *El hijo de la novia* subyace esta problemática, quizá con mayor fuerza que la más actual "crisis económica", que también es aludida explícitamente. Quizás Norma Aleandro represente a la Argentina: ese pasado de inmigrante, casi romántico, hermoso, que se ha enfermado de olvido. Al mismo tiempo su hijo —los argentinos— luchan por lograr su reconocimiento y lo hace a través del olvido, sin que este mecanismo sea más efectivo que pernicioso. El *discurso del éxito*, como lo llama Pianca, fue una marca profunda en la Argentina de los años '90, con su sueño de estar ya en el "primer mundo" —promesa del presidente Carlos Saul Menem—. Es necesario olvidar para progresar, para evitar el conflicto, el pasado. En *El hijo de la novia* existe no sólo este conflicto de *memoria-olvido* sino también de *tradición-modernidad*. La tradición —la familia— está salpicada por elementos de la vida norteamericana, como lo son la exposición en primeros planos de *Burguer King* y de la *Coca-Cola*. Lo nuevo del primer mundo es la imagen de progreso

---

[60] También aquí se podría aplicar las palabras de Marina Pianca: "Los que continuaron tercamente preguntando, indagando, parecieron señalados como arqueólogos subversivos, desenterradores de muertos o, simplemente, provocadores". Pg. 130.

que ha sido impuesta por una ideología dominante, una ideología del éxito —creo que no fue un detalle simbólico menor la obsesión del gobierno de Menem por mantener la paridad 1 peso = 1 dólar, por enviar su ejército a apoyar la invasión de Irak en 1991, etc.—; y es, al mismo tiempo, el olvido como requisito previo.

Pero "el pasado vuelve como una ola".

Cuando un inspector de tránsito lo detiene por conducir hablando por teléfono, Rafael mentirá una situación que lo justifique (el embarazo de una mujer). Como es la norma, procurará salir del paso mediante el uso de la "coima". Sin embargo, el billete que le extiende al oficial es falso, lo cual es advertido por éste. La escena es una exposición satírica pero realista de la mentira, la simulación y la falsificación, características de las sociedades latinoamericanas y, quizás sobre todo, de la argentino-italiana.

Como es constante en el cine latinoamericano, la Iglesia es un tema recurrente y objeto de sátira. Unos excelentes diálogos hacen uso de una fina dialéctica para contradecirla.[61]

---

[61] Cuando le niegan la posibilidad de que su padre se case con su madre, a causa de su enfermedad, el cura le argumenta razones de "discernimiento". A lo cual Rafael responde: para ser católico hay que razonar; pero mi mamá no razonaba cuando la bautizaron. Claro, había que conseguir nuevos clientes".

Fresa y Chocolate

Tomas Gutiérrez Alea, Cuba 1993.

La consideración simultánea de *Memorias del subdesarrollo* y *Fresa y Chocolate*, del mismo autor, es del todo pertinente, por varias razones. Con solo estas dos películas es posible tener una idea del cine de Tomas Gutiérrez Alea, de sus obsesiones y de su evolución como productor, director y —seguramente— como hombre. Pero también es una forma *encarnada* de ver los cambios y los procesos sociales, psicológicos y anímicos de los cubanos en el último tercio del siglo XX.

Para comenzar, es casi insoslayable la pregunta *¿cómo fue posible una película así, en Cuba?*

En cierta escena, los protagonistas escuchan a María Callas y Diego, casi sin dobles sentidos, se pregunta:

—¿Por qué la isla no da una voz así? Con la falta que hace *otra voz*!

Y más adelante:

—Lo único que falta es que prohíban las canciones infantiles.

Entonces, repito, *¿cómo fue posible una película así, en Cuba?* Porque, tal como pude comprobar conversando muchos cubanos, en distintos continentes, la política o la

Revolución está omnipresente en sus pensamientos. Lo cual es una forma de conciencia y, en ocasiones, de ceguera[62].

Pero estos temas no vienen al caso ahora. Tratemos de responder a la pregunta inicial.

Al comienzo de los años noventa el contexto mundial había cambiado dramáticamente, sobre todo para Cuba. Aunado con las crecientes dificultades económicas que pudieron debilitar la confianza en la Revolución y, sobre todo, en sus dirigentes, Cuba pierde el apoyo financiero e ideológico (léase "moral") de la Unión Soviética. La inflación crece junto con el déficit fiscal. La producción y el consumo caen [63] Es por entonces que la isla debe emprender cambios, nunca radicales pero tan dramáticos como las circunstancias lo ameritan. Cuba debe *abrirse* para superar una crisis que amenaza con hundirla o con hundir la Revolución.

Pero abrirse también significa, en la medida de lo posible, mostrarse participe de los nuevos tiempos marcados por el feminismo y las crecientes libertades sexuales, por ejemplo. Con una economía que se refugia en el turismo, la imagen debe ser de mayor tolerancia a la

---

[62] "¿Cuándo comprenderán que propaganda y arte no son la misma cosa?" Diego, personaje *de Fresa y Chocolate*.
[63] *Dimensión fiscal de la crisis económica de Cuba*, 1986-1994, de Evaldo A. Cabarroury.

diversidad y al *otro*. Y esto incluye tolerancia a la crítica de la cultura.

Pero hay otros factores que explican, a mi entender, el hecho mismo de la realización de esta película y de su aprobación por parte de aquellas estructuras hacia las cuales estaba dirigido todo el peso de la conciencia moral que descarga *Fresa y Chocolate*. Una es el incontestable prestigio de su director, dentro y fuera de Cuba. Otra, la fama obtenida por el cuento *El lobo, el bosque y el hombre nuevo*, de Senel Paz, el que obtuviera el internacionalmente conocido premio Juan Rulfo. Si a esto agregamos que dicho cuento ya se había convertido en "el más fotocopiado" de la historia de Cuba, creo que había poco que ganar con una censura y mucho que perder.

Para confirmarlo, bastaría con echar una mirada a lo que dijeron órganos oficialistas en Cuba, luego de presentada la película:

> "Una legítima obra de arte que pronto se ha vuelto imprescindible, en su condición de detonante para insospechadas catarsis sociales"

Revista Revolución y Cultura, Cuba.

> "Fresa y chocolate tiene la virtud de partir de una problemática nuestra enfocada en unos años idos y sobre los cuales los realizadores recrean su óptica para ejercer una de las más viejas y trascendentes funciones del arte: decir y criticar, no buscando hacer daño en irresponsable

apedreo, sino como eficaz método para tratar de superarnos y ser mejores [...]"

Rolando Pérez-Betancourt, *Granma*, La Habana, 1993

"Si Titón quería hacer una película que conmoviera y removiera, lo consiguió, y en medio de la diversión y los chistes en apariencia fáciles, la declaración de principios, la dignificación de "los otros" fundidos en un abrazo amistoso, consiguió el aplauso más prolongado y cálido escuchado nunca aquí [en el Festival de La Habana]." Raquel Peguero, La Jornada, Ciudad México, 1993 "Fresa y chocolate, con sus flechas disparadas a todo tipo de intolerancia, llega cuando la conciencia colectiva de los cubanos ha madurado y rechaza elementos que pretendieron injertarle pero no germinaron. [...] Observa con mirada miope quien sólo ve un asunto gay en el abrazo de Diego y David, o quienes se solazan en sus propias trayectorias y por cantarle al árbol inmediato pierden de vista el bosque. Bienvenido el actual momento de crisis si promueve la revisión de los valores imperantes en la vida cubana y una irrecusable reafirmación de la identidad nacional. En ella deben caber todos los sabores, es decir, todas las opciones y las interpretaciones."

Reynaldo González, "La cultura cubana con sabor a fresa y chocolate", en Cuba, una asignatura pendiente, Palma de Mallorca, 1998

"[...] más que una película a favor o en contra del sistema, la historia ha devenido una inmejorable lección para aprender que no siempre "el que no está conmigo necesariamente está contra mí". [...] Fresa y chocolate se las arregla para hacer descansar su mérito esencial en la lucidez con la que se asoma al contexto: de un modo crítico, sí, pero buscando propagar la moraleja a niveles mucho más ambiciosos y universales."

Juan Antonio García-Borrero: "Cine cubano: la pupila insomne", en Memorias del cine cubano, Casa de América, Madrid, 1999.

Sin embargo, y si atendemos directamente al discurso cinematográfico, podíamos pensar que hay en la película una fuerte crítica a la estructura oficialista de la cual dependen esos mismos órganos de información. Incluso, la crítica va contra los mismos discursos que fueron difundidos y soportados por dichos medios, en ocasiones con juicio crítico, pero en otras a imagen y semejanza de *Pravda* (Verdad[64]). Una crítica que denuncia, creo que explícitamente, la degradación de la Revolución en un dogmatismo ideológico, el discurso oficial como Revelación incuestionable, como un acto de fe, congelado y repetitivo, el cual recuerda a periodos históricos en que predominaba el discurso y el control religioso, tan menospreciado por el propio marxismo. No en vano, un intelectual importante como Julio García Espinosa hablaba, en 1969, de la "Revolución" con

---

[64] También en nuestras regiones ideológicas existieron (y existen) medios de prensa con títulos fariseistas como "La Razón", etc., y no menos dogmáticos que el famoso diario soviético.

mayúscula, como un ferviente cristiano puede hablar de la Crucifixión o de Los Evangelios. ("La Revolución nos ha liberado como sector artístico", escribió entonces.)

Ahora veamos, brevemente, algunos aspectos formales y temáticos de *Fresa y Chocolate*.

Si nos detenemos un poco en la personalidad creadora de Tomas Gutiérrez Alea, nos encontraremos en esta película con algunas permanencias temáticas: por ejemplo, la observación crítica sobre el abandono urbanístico de La Habana, presente en *Memorias del subdesarrollo*, lo cual refleja no solo la decadencia económica sino también la negligencia de la Revolución para con la urbe, en "beneficio" de las reformas agrícolas y su supuesta mayor importancia (lo que Alvin Toffler llamaría la *Primera Ola*).

También volvemos a encontrar el tema del exilio como problemática ética. Vivian (otra vez, mujer[65]) se va a Italia. Pero su viaje-fuga no tiene que ver con razones éticas o ideológicas, sino con motivos personales, emparentados más con el egoísmo sin escrúpulos que con una reivindicación de individuo[66]. Otra vez tenemos aquí a la mujer egoísta,

---

[65] Hay, sin embargo, un personaje femenino que representa a la nueva ética, que es, en realidad, de antiguo corte cristiano, al que después del 380 D.C. termino siendo negado y refutado por el cristianismo "Institucional". Es el caso de "la puta", la amiga de Diego: "Adentro mío hay algo que nadie pudo ensuciar". Esto significa: *Ha vendido su cuerpo, pero no su alma*, lo que la pone en situación de ventaja con respecto a Vivian, la mujer que ha vendido su alma a cambio de treinta monedas de plata.
[66] "Yo quería vivir bien, vestirme, ahora que soy joven...", dice Vivian, justificando su casamiento con un hombre que no quería.

fraudulenta: la puta fina, la prostituta de clase que no solo vende su cuerpo sino —y lo que es peor— su conciencia, su alma. Lo mismo acontece con la esposa de Sergio, el protagonista de *Memorias del subdesarrollo*.

Distinto, en cambio, es el caso de Diego, el "nuevo héroe moral". Diego se va "porque lo echan", porque le han negado un derecho que es inherente a todo ser humano, según las nuevas reglas que comienzan a instalarse en la conciencia ética de la sociedad. Pero se va después de una larga lucha, heroica también, *una lucha por los principios*. Diego es, entonces, el nuevo "revolucionario", el nuevo mártir. Y es importante notar que, también en este sentido hay un cambio notable, radical: el que se va no es un traidor, es una víctima.[67] Víctima de un sistema, de una burocracia y de personas individuales que, como Miguel, permanecen aferrados a un discurso dogmático, sexista y del todo prejuicioso, según la nueva ética, hasta el punto de demostrar su dialéctica materialista con frases como:

— ¿Tú crees que se puede confiar en un tipo que no defiende a su propio sexo?

Lo cual es contrarrestado por la nueva ética (por el "hombre nuevo"):

— ¿No tienes miedo de que te haga algún efecto ideológico?, dice Diego, después de invitar a David con un vaso de la "bebida del enemigo[68]"

---

[67] *"Reality (...) is a cultural and not a natural matter"*, Mas'ud Zavarzaeh
[68] whisky

Una prueba más de que la película se centra, principalmente en *una lucha por la ética* —o en una lucha entre éticas diferentes—, la podemos apreciar cuando en otro momento Miguel argumenta, para atrapar al marica:

—Esto no es un problema con la policía. Es un problema político y moral.

Y, más adelante, insiste Miguel, categórico, con la contundencia y la elocuencia de los necios:

—La Revolución no entra por el culo.

También se repite en *Fresa y Chocolate*, al igual que en *Memorias del subdesarrollo*, la necesidad de circularidad, tan común en gran parte de la narrativa latinoamericana. La película se cierra casi igual que como se abre, repitiendo la misma escena. Pero es una repetición con una variación poderosamente significativa: *una transformación ha ocurrido* en el viaje iniciático: cuando al final los personajes van a tomar helados, repiten la escena donde al comienzo se conocieron, pero esta vez intercambian papeles[69]. En el medio ha habido una experiencia-revelación, que equivale a una reflexión removedora. La transformación a través de la revelación tiene un valor ético, y quizás este sea uno de los pilares fundamentales que da razón de ser a *Fresa y Chocolate*.

Otra repetición, quizás no tan significativa, se refiere a la doble moral —o la acusación de falsedad— que cae sobre

---

[69] "El único defecto es que no eres maricón" / "Bueno, nadie es perfecto"

la mujer cubana, símbolo general de una pretendida "sociedad latinoamericana".

Creo que, retomando el entusiasmado paralelismo que hacía Julio García Espinosa, al comparar el *Boom* literario Latinoamericano con el Nuevo Cine Latinoamericano, podemos apreciar una característica que los diferencia casi radicalmente y, *por eso mismo*, los une de forma misteriosa: Si bien el llamado "Boom" de la Literatura Latinoamericana fue asociada —aunque de forma imprecisa— con el "realismo-mágico", el Nuevo Cine Latinoamericano, en cambio, estuvo desde sus comienzos hasta hoy vinculado a su opuesto, es decir, al "neorrealismo" de raíz italiana. Con excepción —mi amplia ignorancia me permite nombrar solo un caso— de películas como *Como agua para chocolate* y, con excepción de la escena en que, en *Fresa y Chocolate*, suben a un cerdo vivo por una escalera, lo cual es surrealista, humorístico o está cargado de connotaciones simbólicas que fui incapaz de descifrar.

Creo que *Fresa y Chocolate* subscribe a una tradición: al arte de protesta. Y lo hace en la medida que es capaz —y, además, lo pretende— entender el arte como una síntesis de ética y estética. Creo, profundamente, que existe un valor emotivo distinto en esta combinación que no se da en la pura estética ni en la reflexión ética en su estado puro.

Lo paradójico, quizás, sea el hecho de que este "tipo de arte" fue una característica, en su gran mayoría, de los artistas e intelectuales llamados vaga e imprecisamente de "izquierdas", que identificó a un extenso público, cuando

América Latina se encontraba sumergida en las dictaduras de los años sesenta, setenta y ochenta. En *Fresa y Chocolate* esta particular forma de hacer arte se vuelve contra su propio origen. O, si vamos más allá de la superficie, deberíamos decir que va en rescate de sus propias raíces.

La virgen de los Sicarios

Fernando Vallejo y Barbet Schroeder.

Donde no hay inocentes

Es la forma de amor que conoce Vallejo y que mantiene medio-viva a una sociedad agonizante, que necesita agredir para confirmarse como ser existente que teme disolverse en la ficción, en el sueño o en la locura, sin advertir que ya lo ha hecho.

Fernando Vallejo, guionista de la película *La virgen de los sicarios* y autor de la novela del mismo nombre, definió la misma con estas reveladoras palabras: "es una historia de amor en el país del odio"[70]

Sin embargo, voy a tomarme el atrevimiento de contradecir al propio autor, sobre la base de un hecho insoslayable: el autor es el personaje principal, los ojos y la conciencia del relato cinematográfico. Pero no me refiero al sólo hecho de que el protagonista de *La virgen de los sicarios* —el escritor— sea el "alter ego" de Vallejo. Me refiero a algo más: Fernando Vallejo *es una parte significativa* de esa

---

[70] También, en Madrid, Fernando Vallejo quiso aclarar: "La película no es un documental sociológico, sino una historia de amor que transcurre en Medellín"

Colombia que se refleja, con todas sus luces y todas sus sombras, en su propia película. Cuando Vallejo niega a Colombia, la confirma; cuando la desprecia, la halaga; cuando la destruye, la reconstruye.

Para darnos cuenta de ello, si queremos adentrarnos a la realidad colombiana y, sobre todo, a la realidad de *La virgen de los sicarios*, mencionemos aspectos de la personalidad de Fernando Vallejo.

"Hay que matar al presidente Andrés Pastrana", dijo Vallejo en una radio colombiana. Más tarde aclaró: "Yo no siento que estoy loco. Lo que siento es un gran caos en mi cabeza"

Así hay que entender esta historia de "amor" y así hay que entender cuando, desde el comienzo, Alexis presenta sus credenciales al público con una expresión que es un oxímoron representativo del caos colombiano:

"[Estaban] enamorados con odio[71]"

Y casi enseguida:

"Para morir hemos nacido"

Pero antes de entrar en la película, volvamos brevemente a Vallejo:

"Insulto repetidamente para ver quién me mata —dijo, cierta vez—. Y, como todo en Colombia, se quedará en la

---

[71] Este par imposible se hace patente cuando el protagonista se "enamora" y lleva a la cama a un joven que resultó ser el asesino de su amante anterior, al cual perdona. (Esta expresión "se querían con odio" se repite en otra película latinoamericana).

confusión. Que me mate Colombia es una forma honorable de salir del horror de la vida[72]"

Hasta aquí sus deseos. Pero hay más revelaciones. Veamos, por ejemplo, su filosofía de la existencia:

"Un hombre es una máquina biológica programada para eyacular y todo lo demás es hipocresía, palabrería, cuentos"

Esta "máquina biológica programada para eyacular" es la misma que, en la escena inicial, cuando Alxis se acuesta con el escritor —con Vallejo—, camina con una pistola[73] automática en lugar donde debería estar su pene. La traducción es demasiado obvia: *el hombre es una máquina biológica programada para eyacular... balas.*

Es decir —y siempre sobre aquella filosofía de la existencia—, el hombre es una máquina, no para la vida, sino para la muerte. Nacer no da placer (siempre nacemos llorando); placer nos da matar y morir (en el sexo "matamos" y "morimos"). Todo lo demás es hipocresía.

Y quizás por esa misma razón prácticamente no hay personajes femeninos en *La virgen de los sicarios,* ni siquiera para el sexo. Porque la mujer también es una máquina

---

[72] El protagonista vuelve a Medellín para morir, según sus propias palabras. Aunque no lo logra en los noventa y siete minutos que dura la película, ese tiempo lo emplea para dejar claro que lo que más le interesa es hacerlo. "No quiero vivir más —dice más adelante—. Estoy viviendo horas extras"
[73] "El tote" o "fierro"

biológica —desde la misma cosmogonía—, pero programada para dar vida.

"Pecado es seguir pariendo", dice el escritor casi al final.

Cuando una mujer grita asustada al presenciar un asesinato —como el último atisbo de humanidad que resuena en esas frías y amarillas calles—, el escritor se acerca para comentar, siempre con ironía:

"¿Qué le pasa, señora? No estamos en Suiza", y luego se burla: "No hay inocentes; todos son culpables". Es decir, todos deben morir, o da igual si los matan.

La mujer que más tiempo aparece es la madre de Alexis, cuando ya ha muerto su hijo, y su aparición la muestra rodeada de hijos, como la máquina de reproducir que es, con la sola salvedad que recibe una paga por hacerlos y por perderlos[74]. En este momento, casi al final, los hijos de esta mujer son todos varones. No superan los años de la infancia y las primeras palabras que echan a este mundo refieren al asesinato de alguien que aún no ha muerto.

El mismo título de la película alude a una mujer —que además es sagrada, para la tradición—, fuente de milagros

---

[74] ¿A qué va el escritor a la casa materna de su amante muerto? Probablemente para que la mujer confirme la maldad de los hombres (los maridos que la abandonaron). Sin embargo, esta confirmación no agregaría nada a la película. En cambio, el dinero que la mujer recibe por parte del amante —y destructor— de su hijo es del todo significativo: también ella, la mujer, es una "productora", aunque de vida (los hijos) y hay que pagarle por ello, es necesario degradar lo poco sagrado que pueda quedar en esa ciudad maldita, según Vallejo. Ya no es suficiente matar el fruto de su vientre; también es necesario degradarla en nombre de la compasión.

que los protagonistas buscan repetidas veces en las iglesias. Quizás haya tantas escenas que muestren vírgenes[75], interiores de iglesias (la matriz), como calles y muertos.

La virgen de los sicarios es un intento de organizar el caos[76]. El protagonista no sólo es escritor (el testigo contemporáneo, el profeta maldito), sino, además, es "gramático". "El último gramático", como dijo primero y "el primer gramático", como dijo después, mientras su amante descargaba tres o cuatro disparos sobre un analfabeto —podemos presumir.

El gramático es el que ordena los símbolos; al gramático no le interesa tanto el contenido como la forma. Donde aparece un cartel que dice "Se prohíbe arrojar cadáveres", es donde hay más cadáveres apilados. "Seguro que la gente sube hasta aquí a arrojar cadáveres a donde le prohibieron"

El gramático reza en las iglesias, casi obsesivamente, al tiempo que le pide a Jesús para matar a Wilmar, su nuevo amante. El gramático se arrodilla ante la virgen y luego, en la cama, sentencia:

"Bendito sea Satanás, que a falta de Dios..."

Y casi al final:

"Dios necesita de nosotros para existir" —una frase gastada pero significativa en boca de un peregrino.

---

[75] También "Santa Anita" es una máquina de música, una "máquina-mujer" del pasado más profundo del protagonista.
[76] En una escena inicial, el protagonista pregunta qué hora es, frente a una pared donde cuelgan muchos relojes que indican distintas horas.

Luego, más adelante, afirma que ofrecer la otra mejilla sólo promueve la impunidad. El camino es otro. No la justicia, sino la venganza. La muerte repetida, aunque para ello sea necesario rezarle a la virgen y pedirle al Hijo. El protagonista reivindica la venganza contra la impunidad. Sin embargo, si algo caracteriza la acción de estos personajes —y de gran parte de la sociedad colombiana— es, precisamente, su escalofriante *impunidad*.

Aparecerán, también, referencias bíblicas, por un lado, y confirmaciones de la vacuidad del significado en la forma, como en las alusiones al olor a marihuana en una iglesia y la venta de condones en el mismo espacio religioso[77].

Ahora bien, sabemos que el protagonista, el escritor, es el alter ego de Fernando Vallejo, que lo representa en cuerpo y alma[78]. Por lo tanto, sería difícil afirmar que hubo en la realización de esta película la voluntad de expresar/denunciar la hipocresía de parte de la sociedad colombiana a través de este personaje. Todo *ego* maldito que, a través de la historia del arte, de la filosofía y de la literatura quiso siempre presentarse a sí mismo como amoral, inmoral y hasta "anti-moral" —incluso como cínico—, nunca soportó la idea de ser calificado de "hipócrita". Sin embargo, el resultado es el mismo: el escritor no se planta como crítico ni como acusador de la hipocresía y de la corrupción de su

---

[77] Los mercaderes que Jesús expulsó del templo (lo cual era una costumbre entre los hebreos a principios de nuestra Era).
[78] En sus pasiones, en sus obsesiones y en su concepción de la vida.

sociedad, porque él mismo representa esos atributos de la sociedad colombiana que ama y odia. Odia a los pobres más que a la pobreza[79]. Casi tan nostalgioso como el tango, el protagonista regresa en búsqueda de sus orígenes para morir. Añora un tiempo pasado que, en realidad, no debió ser mejor ni mucho menos inocente del presente.

"Antes nos despachábamos con machete —dice el escritor—; ahora con plomo"

Cuando su joven amante le pide que le compre un arma, el escritor casi nos convence de sus buenas intenciones:

"Estoy contra toda violencia", dice.[80]

Incluso cuando Alexis mata al primer taxista, casi logra convencernos de que se siente espantado por el hecho. Hasta que terminamos dándonos cuenta de que, en realidad, sus jóvenes amantes realizan el trabajo sucio que él mismo no quiere realizar pero que provoca deliberadamente[81].

---

[79] "Junta a una pareja de pobres y producirán diez pobres. Odio la pobreza". También es repetida la protesta del protagonista cuando le dan media servilleta de papel, en lugar de una entera, lo que le provoca una molestia notoriamente mayor a la que demuestra por un hombre asesinado en la calle.
[80] "¿No distingues entre pensamiento y acción? —parece reprocharle al joven, cuando éste mata al hippie que los molestaba por las noches con su batería—. Lo que va de uno al otro se llama civilización"
[81] Con frecuencia, esa falsa inocencia se refleja en diálogos como el siguiente:
P_1: —Cuatro millones de almas duermen [en la noche de Medellín]. No hay crímenes, nadie mata a nadie.

La *virgen de los sicarios* es la expresión de ese caos que se revela en un estado permanente de angustia, de insatisfacción, de ruidos estrepitosos. A su vez, estos ruidos (la violencia) es una forma de acallar el "silencio fúnebre" que sigue luego de cada asesinato[82]

Fiel al antiguo precepto aristotélico de arte como unidad, *La virgen de los sicarios* logra la suya a través de diferentes estrategias que van desde el hilo conductor de un solo protagonista hasta la repetición de una monocromía basada en el color amarillo[83], pasando por la repetida voluntad de agresión a los sentidos[84].

Si ésta es una historia nihilista[85], es una especie de nihilismo que desconoce el placer sin el sufrimiento propio

---

P$_2$: —Qué va. Es cuando se pone bueno.
Luego, cuando al joven amante se le acaban las balas, será él mismo quien las consiga con la policía, lo cual además nos remite nuevamente a la contradicción entre el discurso y la acción (protagonista/policía)
[82] "Hay un zumbido —se queja el escritor, insomne, al no escuchar al baterista asesinado—. Será el sonido de la conciencia" Han seguido siete noches de silencio fúnebre.
[83] El amarillo, obviamente, representa a Colombia y a Bolívar. Pero también puede ser asociado con la enfermedad y la muerte. Son amarillos los taxis —que tanto abundan en la película—, los autobuses, las velas en las iglesias, los toldos en las plazas, las fachadas de los edificios antiguos, las marquesinas, la campera y la ropa de Alexis, el teléfono, etc.
[84] La música a alto volumen en el apartamento y en las radios de los taxistas, la forma enloquecida de conducir de éstos mismos...
[85] Casi al final se escucha el tango *Yira*: "Cuando estén secas las pilas/ de todos los timbres/ que vos apretás/ buscando un pecho fraterno/ donde morir abrasao/ cuando te dejen tirao/ después de cinchar/ lo mismo que a mí/ cuando manyés que a tu lado/ se prueban la ropa/ que vas a dejar/ Verás que todo es mentira/ verás que nada es amor/ que al mundo nada

o ajeno. Es la forma de amor que conoce Vallejo (pagado o sin pagar) y que mantiene medio-viva a una sociedad agonizante, que necesita agredir para confirmarse como ser existente que teme disolverse en la ficción, en el sueño o en la locura, sin advertir que ya lo ha hecho.

El mismo protagonista lo reconoce, cuando le dice a su joven amante:

"*Niño*, tu nunca podrás conocer la felicidad"[86]

La virgen de los sicarios es un intento de organizar el caos, y su última imagen —la imagen de la más terrible Colombia— es una morgue donde se han instalado secretarias, mesas con computadoras y todo el aparato burocrático necesario (si alguna vez estas dos palabras no conformaron un oxímoron) para organizar la mayor institución de la sociedad colombiana: *la muerte anticipada.*

Como suele ser una costumbre, la canción final no es elegida al azar:

Amorcito
que perdió su nido
Sin hallar abrigo
En el vendaval...

---

la importa... (el otro tango que se escucha es *Volver* y, claro está, hace referencia al camino del protagonista). Por otra parte, el mismo protagonista se encarga de repetir: "Todo es irreal", o en otra parte: "El que no sale en la tele no existe".

86 Cuando Wilmar anota en una servilleta qué cosas desea de la vida, aunque es un lugar común de la crítica posmoderna a la sociedad de consumo, el muchacho escribe: ropas de marcas famosas (Kalvin Klein), una motocicleta, una nevera...

De alguna manera, Fernando Vallejo es la conciencia maldita, sucia, confundida y lúcida, a un mismo tiempo, de la sociedad colombiana. Es el sueño o la pesadilla acusadora que atormenta al criminal. Un artista en el sentido más profundo de la palabra —aunque no lo quiera. Y *La virgen de los sicarios* es la síntesis de ambos: del actual orden social colombiano y de Vallejo mismo, que es decir, quizás, la misma cosa. Ambos desaparecerán —como lo anuncia el personaje principal, de distintas formas—, porque es natural y necesario.

Según Brodwell[87], la narración clásica de Hollywood nos presenta individuos "psicológicamente definidos", que luchan por resolver un problema bien definido. Y es la *causalidad* que gira alrededor del o los personajes lo que proporciona el principio unificador fundamental, mientras que las configuraciones espaciales están motivadas por el realismo.

En *La virgen de los sicarios* podemos reconocer algunos de estos principios escasamente confirmados. En algunos momentos veremos espacios —generalmente urbanos, o suburbanos de Medellín— tratados con realismo, o con esa voluntad de acercarse al paradigma social, de un grupo humano en un momento determinado de la historia, y que llamamos "realismo" Pero también encontraremos

---

[87] *Nuevos conceptos de la teoría del cine*, Robert Stam, Robert Burgoyne, Sandy Flitterman-Lewins. Ed. Piados 1999. Página 216.

espacios oníricos[88] reflejando, en ocasiones, imposibilidades, como una moto volando, o improbabilidades, como una corriente de agua de lluvia que se convierte o se mezcla con otra corriente de sangre.

Si tomamos esta corriente de sangre como (1) un hecho que pretende ser "real", entonces nos estamos remitiendo a lo fantástico, a lo irreal; pero (2) si lo tomamos como un hecho irreal, por ejemplo un reflejo de la psicología afiebrada del protagonista, nos estamos remitiendo a una especie de realismo o hiperrealismo, ya que debería ser "más real" una narración que involucre el mundo físico y también el mundo psicológico y espiritual, esto es, las piedras y los sueños sobre las piedras. Un mundo hecho sólo de piedras sería un mundo fantástico, ya que presupone la ausencia de aquello que le da categoría fenomenológica —sino ontológica, también— a esos objetos "físicos": la mirada, la percepción humana. Es decir, aún el materialismo más científico no deja de ser una construcción intelectual. A veces una versión empobrecida de la realidad. De aquí que estas paradojas, que se retroalimentan, nos relativicen al extremo la calificación de "espacio real"[89]

---

[88] Como es el caso de la fachada de una iglesia que el protagonista descubre en sueños antes que, supuestamente, lo hace en la vigilia (entendido esto último como "realidad").

[89] Más considerando que no pusimos sobre la mesa la posibilidad de un simbolismo que no esté referido ni a la psicología (mundo interior) del personaje, ni al mundo físico (mundo exterior).

Creo, en cambio, que podríamos tomar un camino más simple y más directo recordando otra definición de Bazin, para el cual esa "impresión de realidad" en el cine clásico se debe a categorías más específicas: prácticas de montaje, trabajo de cámara y de sonido, reconstrucción de un mundo ficcional caracterizado por la (a) coherencia interna, por la (b) causalidad lineal por el (c) realismo psicológico y por la (d) continuidad temporal y espacial[90]. Todas son categorías que podemos aplicar a *La virgen de los sicarios*. En ella, no hay movimientos visuales en el cual la cámara cobre un protagonismo importante; la música suele recordar al cine clásico de Hollywood (énfasis de lo tenebroso, etc.). Existe una causalidad —los personajes matan y mueren según una sucesión "lógica"[91]—; la psicología de los personajes es del todo probable[92] y las continuidades, espaciales y temporales, están aseguradas en todo momento. No existe, como en Bretch, la voluntad de oponer un momento a otro, de desconectarlo. Cada escena se complementa. Tampoco hay lo

---

[90] Lo que para Barthes sería el *texto legible*, del texto clásico. *Nuevos conceptos de la teoría del cine*, Robert Stam, Robert Burgoyne, Sandy Flitterman-Lewins. Ed. Piados 1999. Página 219.
[91] "No merecía morir, era un delincuente"; "Debía morir porque hacía mucho ruido"; "Lo maté porque él había matado a mi hermano", etc.
[92] Jorge Luis Borges, refiriéndose a la "novela psicológica" decía que no hay personajes improbables. En otras palabras, se podría entender que no hay psicologías irreales. Dentro de la cordura y la locura cabe el universo infinito de formas de ser.

que este mismo dramaturgo llamaría "reflexividad"[93], ese "principio por el cual el arte debe revelar los principios de su propia construcción, para evitar la estafa" [94]

La teoría de que el cine es intrínsecamente realista, ya que sus medios de reproducción aseguran la "objetividad", ya que el proceso cinematográfico implica un nexo idéntico entre el análogo fotográfico y su referente, por carecer —a diferencia que la pintura, por ejemplo— de la posibilidad de no trabajar con modelos reales[95], es del todo arbitraria e ingenua y puede ser refutada con escenas como estas últimas[96].

En cuanto a los personajes, se podría decir que están "psicológicamente definidos", aunque esto no debe ser tomado como "psicológicamente sanos". Lo mismo podríamos decir de ese otro conjunto de personajes que interactúan para formar la "sociedad colombiana", o la

---

[93] Un ejemplo notable de "reflexividad artística" lo constituye, a mi entender, la novela total de Ernesto Sábato *Abaddon el exterminador* (Buenos Aires, 1974)

[94] Op. cit., pg. 225.

[95] Este punto queda definitivamente refutado por las últimas prácticas cinematográficas, donde los personajes y los paisajes han sido reemplazados por construcciones virtuales.

[96] Cuando Galileo puso de moda el telescopio, muchas personas vieron a través de ese instrumento una "realidad objetiva": vieron a la Tierra como el centro del Universo. Algunos vieron el destino de los hombres y las mujeres en los mismos signos zodiacales que usaron los antiguos para ver lo mismo. Otros, incluso, vieron que el Sol era el centro del Sistema planetario, lo cual también sabemos que no es cierto —si miramos al Sistema desde un punto interior veremos otra "realidad", no-menos "real": el Sol gira alrededor de ese punto.

"sociedad urbana de Medellín". Sus rasgos psicológicos están hartos definidos, *no a pesar* de sus dramáticas contradicciones *sino por ello mismo*.

En cambio, *La virgen de los sicarios* se revela totalmente contra el primer principio de la narración clásica de Hollywood, según la definió Bordwell, ya que no encontraremos en esta película —por lo menos no en las primeras lecturas— una lucha del individuo por un objetivo "definidamente claro". Por el contrario, creo que una de las bases argumentales de la película radica en esta misma carencia de objetivo en los personajes. En todo momento, el escritor y amantes suben y bajan a los taxis. No importa tanto hacia dónde van, sino lo que, consciente o inconscientemente, sucede en el viaje: el estrépito de la radio, la forma alucinada de conducir, el reto, la provocación, el desafía y, finalmente, la eliminación del sujeto que representa a los mismos asesinos. Lo mismo ocurre en su repetido peregrinaje por las iglesias: ni siquiera hay un propósito religioso, lo cual aumenta el contrasentido y —más aún— la confirmación de la *carencia* de sentido, de objetivo. Otro elemento que parece confirmar esta idea son los diálogos:

"¿Y ahora qué hacemos?"

"No lo sé. ¿Salimos de nuevo a la calle?"

Este mecanismo está apoyado por un *ad hoc* que sólo sirve a la trama: el escritor ha recibido una herencia y tiene una gran disponibilidad de dinero. De esta forma es posible arrojar por la ventana los equipos de música, con satisfacción por ambas partes[97], para luego volver a comprar un equipo nuevo. Lo mismo nos significa la destrucción de la televisión, por parte de Alexis, con unos disparos contra la imagen de un presidente que no pueden matar[98]. No es un *ad hoc*, en cambio, el hecho de que el apartamento[99] donde viven los protagonistas se encuentre vacío —es decir, *carente de contenido*. El apartamento se encuentra vacío y, con frecuencia, se lo llena con la estrepitosa música *rock*[100]; está tan vacío como el sentido del rito religioso en las iglesias, como la vida misma de los protagonistas que, de vez en cuando, corren unas cortinas para ver Medellín[101].

Eso no quita que no exista un propósito en el regreso del escritor a su ciudad natal. De hecho, es difícil, sino imposible, encontrar una conducta humana carente de propósito. Ello negaría al psicoanálisis desde su raíz y al universo

---

[97] Otra vez advertimos la misma fórmula psicológica: *la destrucción provoca placer*. El hombre es una máquina programada para eyacular, destruir, matar. Luego será necesario volver a conseguir un sustituto para volver a destruirlo. La destrucción confirma al sujeto que destruye pero, al final, el destructor, el asesino, busca su propia muerte a manos del otro. "Yo quiero que Colombia me mate"
[98] "Hay que matar al presidente...", dijo Fernando Vallejo.
[99] Apartamento: habitáculo, vida, interior, intimidad, moral, autoconfesión. Incluso, quizás, Colombia.
[100] ¿Podría ser una *sobreinterpretazzione* vincular esta música de *rock* con Norteamérica?
[101] Es el mismo acto de salir a la calle, alternativamente y sin propósito, para ver la ciudad, aunque también para contribuir a su destrucción.

de las religiones[102]. También convertirían a *La virgen de los sicarios* en un accidente —contingencia— casi imposible.

Si *La virgen de los sicarios* suscribe aún al neorrealismo, podríamos decir que también posee elementos neoclásicos en su unidad de tiempo, de espacio y de acción —o inacción. En ocasiones, el tiempo fluye a diferentes velocidades, pero no hay ambigüedades en el transcurso del tiempo lineal y la misma narración pretende dejarlo claro con detalles, por ejemplo, de la barba del escritor y de los diálogos, que confirmas ciertas fechas.

También podemos encontrar lo que Bazin llama[103] "transparencia", es decir, la voluntad de la realización cinematográfica de "borrar toda huella" que recuerde al espectador que está viendo una película. Es decir, toda "distracción" de la conciencia o del análisis que saque al espectador del estado de *ensueño* e identificación que produce la hipnosis del cine. Al borrar el "trabajo de película" se estaría reproduciendo el "mundo vago, no teorizado". En

---

[102]. Incluso negaría el existencialismo de Sartre, ya que si bien en este caso toda la existencia humana podría carecer de propósito —de sentido—, no carece de propósito ningún acto humano, el cual está sumergido en un mar de significados. Para Sartre no había "sentimientos ocultos" —un inconsciente freudiano, por ejemplo—, porque no es posible sentir algo que se desconoce: *conocer es sentir*. Pero, aun así, sólo carecerían de propósito el movimiento de las piedras y el crecimiento de los árboles (siempre y cuando no aparezca Darwin para negarlo, claro está).
[103] *Nuevos conceptos de la teoría del cine*, Robert Stam, Robert Burgoyne, Sandy Flitterman-Lewins. Ed. Piados 1999. Página 215.

otras palabras: se estaría reproduciendo la ideología dominante.

Este último es un concepto que yo preferiría llamar "boomerang"[104]. Probablemente ese "mundo vago y no teorizado" se reproduzca en un "público vago y no teorizador", es decir, en un público "consumista y no crítico". La convivencia en un basurero puede ayudar a la perpetuación de las costumbres no higiénicas. Sin embargo, la exposición descontextualizada —a través del arte— del mismo basurero, provocará el rechazo antes que la asimilación[105]. Dicho con otro ejemplo menos gráfico, el cine y el arte en general pueden, en alguna medida, presentar al machismo, al racismo, o a la dominación de una clase económicamente superior como una forma "natural" de ser de una sociedad, reproduciendo sus reglas de opresión. Sin embargo, la abstracción de esa misma naturaleza y su *amplificación* o *repetición* tendrán un resultado inverso: al poner el acento en un hecho *se pierden aquellos otros hechos o reglas que lo justifican*. O ya no aparecen como necesarios o naturales, sino como *responsables*. Es en este momento, entonces, en que la cámara "inocente" deja de ser un arma de dominación para convertirse en un arma de crítica, es decir, de "liberación".

---

[104] Semejante al concepto de "Deconstrucción", como actividad crítica, tal vez hermenéutica.
[105] Este tipo de narración estaría dentro de los que Barthes llamó *texto escribible*. Lo que para Barthes sería el *texto legible*, del texto clásico. *Nuevos conceptos de la teoría del cine*. Página 219.

En el ensayo anterior, *Donde no hay inocentes*, puse el acento en la personalidad del autor para explicar, en parte, mi lectura de *La virgen de los sicarios*. Al mismo tiempo que "yo" individual y creador, quise presentar a Vallejo como parte representante de la cultura colombiana —parte involucrada en su crítica a la misma, como víctima y responsable—.[106] Para Foucault, el futuro estaría caracterizado por una anonimidad generalizada del discurso. Es decir, el autor no como *fuente* tradicional de la obra de arte sino como una especie de *medio*. Personalmente, considero que históricamente se han dado ambas: nunca hubo un "creador" sin sociedad ni obra de arte sin autor. Incluso cuando los autores fuesen un grupo, siempre ha sido un grupo minoritario que reflejó a la sociedad misma o la agredió con valores diferentes —nuevos—. Sin embargo, incluso en este cambio, en esta agresión, también estuvo el individuo y la sociedad toda interactuando. No ha muerto el actor ni ha nacido el lector[107]. Ambos siempre han estado,

---

[106] *La virgen de los sicarios* no es una "película dominante", ni de "resistencia", como podrían clasificarlas Commolli y Narboni (Idem., pg. 224). Quizá sean ambas cosas al mismo tiempo o, mejor, quizá pudiésemos embrearlas dentro del término "película de ruptura", de los mismos autores, desde el momento en que superficialmente pertenecen al cine dominante o tradicional —al menos en su forma, en la declaración de intenciones del autor de no hacer una película "sociológica" sino una película donde se cuenta una "historia de amor"— pero en la cual se abre una fisura en su crítica interna.
[107] Barthes.

sólo que en formas diversas, en proporciones distintas. En cambio permanente.

La virgen de los sicarios no surgió por generación espontánea; tampoco hubiese sido el mismo resultado si el autor hubiese sido Pablo Escobar o Andrés Pastrana. Es decir, el autor nunca es un detalle menor, un medio de decir algo que "naturalmente" debe decir una determinada sociedad. Pero tampoco es un sujeto superior, indiferente a esa sociedad: su acción creadora se motiva y, probablemente, se justifica en ella.

Rojo amanecer

Jorge Fons, Xavier Robles y Guadalupe Ortega, 1989

En búsqueda del Tlatelolco perdido

Seguramente los acontecimientos de Tlatelolco (2 de octubre de 1968) merecían una película mejor que *Rojo amanecer*. No porque se pueda hacer algo "bello" de una matanza, sino que, en ocasiones, el arte logra enaltecer y dignificar a las víctimas de una injusticia y, a través de ellos, a la raza humana en general. En este sentido, *Rojo amanecer* no agrega nada.

Sin embargo, creo que su mayor valor —ya que no artístico— es documental —sociológico—, esa especie de ficción o *reconstrucción* histórica sin pretensiones de objetividad.

Pero ¿es un "documental"? No, no es una simple ordenación cronológica de hechos, con pretensiones de objetividad o de "verdad histórica". *Rojo amanecer* es mucho más que eso: es la narración de acontecimientos históricos desde la perspectiva de una familia mexicana que pudo haber vivido los mismos. Y, a través de ésta, no sólo hay una "reconstrucción" de hechos sino, además, una caracterización crítica de la sociedad que fue víctima y partícipe en la matanza[108].

Sin embargo, *Rojo amanecer* no es una obra *interrogativa* sino "explicativa" (y aquí su perfil documental). No pretende cuestionar sino dar su versión de los hechos y —por si fuese poco— hace una valoración ética en la presentación de los mismos.

Personalmente, no discrepo con la "versión" de los hechos que presenta *Rojo amanecer*. Ni siquiera con su perspectiva moral de la sociedad. Pero a mi entender, las mejores obras de arte pertenecen al primer grupo, a aquellas obras que son capaces de *interrogar* antes que *responder* o pretender inducir la *verdad* de los hechos. Por lo general, las obras interrogativas irradian una pluralidad de lecturas (son "obras abiertas", como diría Humberto Eco).

Simbología

Desde este punto de vista —del discurso reivindicador—, *Rojo amanecer* es del todo previsible.

---

[108] "Después de esta matanza —dice uno de los estudiantes, al final— la gente tiene que hacer algo. El pueblo no puede dejarnos solos" De alguna forma, la película quiere decir que el pueblo *sí* los dejará solos, lo cual no deja de ser una constante de nuestras sociedades: la actitud de mirar hacia otro lado, de no involucrarse con el dolor ajeno. Esta misma actitud caerá sobre los mismos "estudiantes idealistas", cuando, casi al final, una madre busca a su hijo a gritos. Al constatar que no hay entre ellos nadie con el nombre que grita la mujer, se vuelven a dormir.

La misma ambigüedad de su título "Rojo amanecer" alude a la sangre en la madrugada y al surgimiento de una probable insurrección izquierdista.

En ocasiones, también sus personajes son previsibles y, lo que podría ser peor, se encuentran estereotipados. No alcanza a ser una "obra de arte", desde mi perspectiva personal, porque en ella aparece un discurso lo suficientemente cerrado, simbólicamente repetido y gastado, como para que, al finalizar la película, el espectador salga con una nueva visión de un viejo problema.

Tratemos de aclarar este punto.

La lectura de *Rojo amanecer* se encuentra fuertemente dirigida. Incluso las estrategias técnicas que usa, su simbolismo, es muy directo, rayando sobre el límite de lo alegórico. Por ejemplo, los relojes. Los relojes abundan por doquier y por las dudas.

Desde el comienzo, el sonido del "tic-tac" de un reloj-despertador llena cada espacio por donde va recorriendo la cámara. Este recurso, que no es para nada malo, como ambientación sonora y como simbolismo, tiene una lectura muy directa: algo está por ocurrir. Algo importante, algo grave. Todos los acontecimientos que le sucedan sólo serán preámbulos del mismo. El "tic-tac" tiene la fuerza inquietante de una *bomba de tiempo.*

Ahora, ¿dónde está el mal? No hay dudas: en el gobierno. El gobierno es el ente superior, invisible, perverso e inalcanzable —*kafkiano*. Todo lo llena. Su mano, como la de Dios o como la mano de la (in)justicia, alcanza a todos. Su destrucción, como la de Lucifer, es incontestable.

La madre: —Con el gobierno no se juega. ¿Cuántos muertos hay ya, cuántos desaparecidos?

Para la madre, el gobierno no es injusto: *es el azote de la naturaleza.*

Será ella misma la que, limpiando o hurgando en el dormitorio de sus hijos, encontrará una revista subversiva que dice:

"¿Por qué ésta es la verdad?"

El simbolismo de este descubrimiento es doble. Por una parte, la revista es obscena y el gesto de la madre que descubre una revista pornográfica en el cuarto de su hijo es la misma. Por otro lado, el título de la publicación hace recordar a ciertas revistas religiosas, profundamente proselitistas, como "¡Despertad!" o "La Atalaya", tan populares en el mundo hispánico, y que se refieren, también, al descubrimiento de la Verdad. Todo esto es acompañado de distintos íconos, como la imagen del Che Guevara —compitiendo en tamaño y en posición con la imagen de Jesús[109] en los otros ambientes—, lo que hace del recinto una especie de "capilla atea".

---

[109] La relación simbólica entre Jesús y el Che Guevara es evidente y más adelante la ampliaremos en ensayos posteriores. Por si fuese poco, su valoración ética es la misma. Yo diría que el Che Guevara es profundamente

Quizá ésta última escena sea de las más logradas en *Rojo atardecer*.

Una segunda "trasmigración espacial" semejante —si se me tolera el término—, ocurre cuando el abuelo, el capitán, escucha los tanques: entonces su rostro aparece como maquillado para un camuflaje de guerra. Es la guerra, la nostalgia de tiempos de acción, cuando era útil, poderoso. Al fin y al cabo, la guerra es a un militar como el escenario es al actor de teatro: *su vocación*.

Otro logro, me parece, es el momento en que comienza el *meeting*[110] Afuera se escuchan voces dramáticas, silbidos. Es todo un acontecimiento, sólo por el número de concurrentes. Sin embargo, la cámara nunca muestra algo parecido a la congregación multitudinaria de un acto

---

cristiano, en este sentido: es el mártir barbado, el que muere para salvar a los demás. Sobre todo, es el subversivo —como Jesús, claro— que por momentos se opone él solo a todo el peso del poder. El Che Guevara es traicionado por un cuidador de ovejas boliviano y asesinado. En este sentido, es reveladora la lectura del relato del militar que debe asesinarlo. Desde mi punto de vista, el matador tenía conciencia de esa imagen de "Cristo", prisionero desarmado, ante el cual se conmovió antes de dispararle. No era un simple guerrillero, objeto de todo su odio, sino una figura mítica. La sola estatura física del condenado impresionó al militar. A partir de ese momento, los seguidores del Che profesarán, sin duda, un proselitismo, mítico y místico, para nada diferente al que llevaron a delante los primeros cristianos, en las catacumbas de Capadocia o en las de Roma, pagándolo con su vida.

[110] Paradójica forma de nombrar una "manifestación" o "encuentro" de grupos que se supone son, en su mayoría, de izquierda, es decir, anti-yanqui.

político[111]. Sólo se limita a reflejarlo en el rostro de los niños que miran por la ventana[112]. Y, sobre todo, encuentro que el mayor valor simbólico y ético de esta escena consiste en la actitud de los personajes que están dentro del apartamento: no quieren ver, quieren desinteresarse deliberadamente —cosa que les resultará imposible— y, como la madre o el abuelo, pretenden que los otros no miren, no vean, no se interesen por lo que sucede.

El nieto-obediente: —El *meeting* va a comenzar

El abuelo: —Qué sabes tú de *meetings*. ¡Apártate de esa ventana!

(El nieto-obediente se pone a hacer su tarea)

No son tan interesantes otros simbolismos, harto gastados y casi hilarantes. Por ejemplo la repetida exposición de los retratos de Jesús. Por no entrar en detalles sobre el momento en que la balacera que abajo mataba seres humanos termina por entrar por una ventana para dar de lleno en la imagen del Crucificado. Por si no fuese poco, y por si no se hubiese comprendido la intención, casi al final uno de los estudiantes recorrerá la sala y dedicará largos

---

[111] Se podría argumentar que la producción era pobre. Sin embargo no se necesita mucho más para recuperar imágenes de multitudes. Por el contrario, considero que la intuición aquí derivó al logro de una economía de medios expresivos, como se puede apreciar en algunas películas de Hitchcock, como *La ventana indiscreta* (1954?), por ejemplo.

[112] El abuelo: "Estoy ocupado", dice, simulando componer un reloj (regalo de un viejo General) mientras su hija teje nerviosa. Más adelante el nieto-obediente dirá: "hay luces en el cielo; como en las películas".

segundos a mirar el crimen simbólico, la profanación de los malvados.

"En estos tiempos es más peligroso ser estudiante que criminal", dice uno de los protagonistas y se dispone a quemar su credencial. Lo cual no configura una gran frase ni mucho menos un gran pensamiento. Pero da pie a unas imágenes interesantes: la quema de credenciales, las que luego son arrojadas al inodoro. También la quema de "propaganda" recuerda a la "quema de libros", característico de los períodos de intolerancia estatal. Sin embargo no se entiende por qué el retrato del Che Guevara permanece hasta el final, desafiante en una pared, para condenar a los hijos-rebeldes, como si los realizadores de la película no hubiesen querido encontrar una forma más verosímil para provocar la sangrienta escena final.

En el análisis de los recursos simbólicos de la película, se advierte toda esta batería de alegorías y mensajes directos que, por momentos, rayan en la inocencia, lo que tiñen a *Rojo amanecer* de inverosimilitud. Lo mismo ocurre con las actuaciones: están sobreactuadas, especialmente en las escenas finales[113]. Pero si nos remitimos a la Edad Media, encontraremos que esta necesidad de "alegorización" y

---

[113] Por momentos pareciera que se hubiese introducido un elemento nuevo (una matanza expuesta) en un género tradicional mexicano (la telenovela). Lo que nos lleva a pensar que: 1) o los actores no pudieron salirse del Gran Género popular; o 2) era necesario que así ocurriese, para que la clase media y media-baja de México pudiese recibirla sin mayores dificultades.

"sobreactuación" era una regla[114], sobre todo si el destinatario era el pueblo. Probablemente sería un atrevimiento de mi parte comparar los pueblos de la Europa de la baja Edad Media (siglos XII a XIV), con la sociedad mexicana, no de 1968 sino de 1990. Sin embargo, el efecto provocado en ésta misma parece haber sido el esperado. No hubo un gran cambio social ni ético después de *Rojo amanecer*, pero miles de mexicanos fueron conmovidos por el relato.

No vamos a entrar en un análisis político ni sociológico de la matanza. Basta con agregar que la misma es presentada como un "escarmiento" aleccionador, del mismo tipo que reclamaba el abuelo (Ex–capitán) como método "disuasorio" y, obviamente, como máxima expresión del sadismo institucional, del "terrorismo de estado" —aunque estos dos conceptos últimos no aparecen explícitamente reflejados en la película.

Tipología psicológica de los personajes

Mientras tanto, ¿qué ocurre con los personajes? Aquí también es muy previsible (aunque ello no debe leerse como caracterizaciones falsas o demagógicas).

El viejo que tose y se levanta. Es el abuelo, es el primero, es el militar rengo. No hace falta que cuente más tarde que

---

[114] Ver la archifamosa obra del escritor holandés, *The falling of the Midle Ages* (cito de memoria), de Johan Huizinga (1920).

en su carrera había llegado hasta Capitán. Desde el comienzo lo intuimos por detalles demasiado directos como la camisa que, insistentemente, lleva puesta. No es una camisa militar, pero pretende serlo.

La vida diaria está acosada por la contingencia; sin embargo, aun así, los acontecimientos son *significantes*. Más aún en una película, donde los símbolos suelen estar acentuados. *En una obra de arte, nunca esperamos que las cosas estén por azar*, y mucho menos la vestimenta de los personajes en una película. Hay otros "detalles" que confirman la sospecha: al viejo, el abuelo, pide a su nieto que repita gestos militares[115]. O la afición al juego de los soldaditos de plomo, que el anciano induce en su nieto.

Los tipos psicológicos están muy definidos y hasta "estereotipados", aunque no al extremo. Siguiendo con el abuelo militar, su visión del mundo y de la sociedad es exactamente la misma que la que el espectador supone:

"Yo puedo sólo; no soy un inútil", le contesta a su hija cuando ésta quiere ayudarlo a servirse el café. Inmediatamente agrega. "... como tus hijos".

Pronto, no sólo tenemos el perfil del típico viejo cascarrabias, sino que ya sabemos que sus nietos, los "inútiles" piensan muy diferente. Ergo, ya podemos contarlos, de alguna forma, entre las víctimas. No sólo de los aconte-

---

[115] "¡Firmes, ya!, ¡Descansen, ya!", es uno de los juegos del abuelo y del nieto.

cimientos de Tlatelolco, sino de una sociedad conservadora y militarizada, resumida en la figura del abuelo.

"Antes la juventud era diferente", dice el abuelo, y casi me da vergüenza repetirlo.

Pero hay más: cuando la familia se reúne a desayunar y la nieta pone en la radio a los *Beatles*, enseguida comenzamos a temer la frase del abuelo que, inevitablemente llega:

Abuelo: —¡Gritan como maricones, no como hombres!
Madre: —Deja en paz a los niños. Es la moda.

El abuelo detesta a los que usan el pelo largo[116] y uno de los "nietos-rebeldes" le recuerda que también Napoleón tenía el pelo largo.[117] Lo que debería molestar doblemente al abuelo, ya que a Napoleón se lo reconoce no sólo por sus triunfos (no tanto por sus fracasos), sino, sobre todo, porque era un militar, un genio estratega. Y todos sabemos que en el ejército no hay homosexuales.[118]

El ejército es la nostalgia del abuelo, el "orden"[119]. Cuando comienzan los disparos en la plaza, esbozará una

---

[116] Estamos en 1968, en pleno apogeo del movimiento hippie, del "travestismo" o de la revolución que podríamos llamar "Andrógina".
[117] Cuando en una escena muy posterior el "nieto-obediente" le confirme en un libro de historia la exactitud de este comentario, al abuelo hará una excepción en la regla: "Ese no era [maricón]".
[118] De hecho los padres suelen enviar a sus hijos allí "para que se hagan hombres", aunque para eso tengan que soportar la humillación, la injusticia y las violaciones (físicas y morales).
[119] El "orden" es una particularidad del desorden, según la teoría física del Caos, así como la ordenación significativa de un mazo de naipes —*1, 2, 3... n+1*— es una particularidad entre millones de otras combinaciones que llamamos "desordenadas" o "azarosas". Si partimos de un estado

sonrisa secreta. El abuelo participó en la revolución que instauró el orden actual. Tiene motivos ideológicos para ser conservador y reaccionario. Pero también tiene motivos personales, psicológicos, para demostrar su confianza en el orden que repondrán los militares (esa especie de alter ego colectivo del abuelo), en ese orden que puede aniquilar a su propia familia.

El abuelo: —Hay muchos soldados afuera, francotiradores en la azotea: [con orgullo profesional] preparan un movimiento envolvente. Tienen ocupados a los revoltosos[120].

La madre: —Tú fuiste militar.

El abuelo: —Depende de lo que hagan los chamacos. Le van a dar un buen susto. Pero no te preocupes. Si se pone difícil les darán unos buenos palos y a la cárcel.

La madre: —¡A lo mejor ahí están mis hijos!

El abuelo: —Déjalos que les den un susto. Unos cuántos días de encierro no les vendrían mal. Luego su padre los saca. Tiene influencia.

La madre: —¡No hables así!

---

ordenado (el mundo con sus leyes físicas), *cualquier otro movimiento nos conducirá a una mayor entropía*, es decir, a un mayor desorden de la materia, al progresivo envejecimiento del Universo. Lo que, desde un punto de vista ético y social podríamos traducir así: *mi orden es el desorden del otro.*

[120] No está claro si estos francotiradores pertenecían al ejército o directamente al gobierno.

El abuelo: —Tus hijos hablan de Revolución todo el día y no les dices nada. Yo sí peleé en una.

Más adelante el abuelo le dice al nieto-obediente: "Este reloj me lo regaló el General Rodríguez hace cuarenta años. Ahora las cosas no duran tanto".

Pero si bien el abuelo se considera con los únicos valores morales posibles, es evidente que ahora es un hombre que recibe más órdenes de las que puede dar. Es un Capitán retirado, alguien que ha ostentado poder pero ya no lo tiene. No lo tiene delante de su hija y mucho menos delante de su yerno. Incluso llega a reclamar respeto de sus nietos para con su yerno. ¿Por qué? Porque "gracias a tu padre comemos, gracias a tu padre vas a la escuela". Es decir, y llevado a la esfera social, gracias al gobierno comen; gracias al gobierno van a la escuela. *Gracias al opresor estamos con vida*.

Su yerno, "el padre", es el actual patriarca. Pero un patriarca con poderes limitados. Poseedor de una "gran influencia" burocrática —la cual ostenta y se sirve de ella siempre que puede, como recurso de dominio o como recurso de "sobrevivencia"—, al final verá destrozada toda su autoridad ante las fuerzas oscuras del gobierno, las cuales entran a su casa para demostrárselo.

También su poder sobre sus propios hijos-rebeldes es limitado. Amenaza:

El padre: —Les advierto: dejen de estar de revoltosos. Con el gobierno no se juega.

Y más adelante:

El padre: —¡Grupo de irresponsables e imbéciles, conejitos de los comunistas que sólo quieren atentar contra las Olimpíadas!

El padre también tuvo una juventud de rebeldía militante, ¿y qué sucedió? El gobierno usurpó el poder. La historia del fracaso se repite y el joven rebelde (el padre) es absorbido por el sistema, transformado en un respetable e influyente padre de familia, *en una pieza clave de la continuidad.*

Por su parte, los hijos, Jorge y Sergio, son la encarnación típica del estudiante rebelde, soñador, idealista. Particularmente, en este caso, del idealista de izquierda, del romántico que se siente obligado a resistir y actuar en una sociedad injusta, ayudado por la moral de algunos íconos, como los del Che Guevara.

Hijo-rebelde I: —¿Qué culpa tenemos que a su generación [la del padre] todo le salió mal?

El joven idealista no siente el peso de la derrota anterior. Las esperanzas siempre se renuevan. El idealista joven siente que el mundo nace con él y, por lo tanto, tiene motivos para tener esperanzas después de repetidos fracasos generacionales.

Hijo-rebelde II: —[Nuestra lucha es para] que liberen a los compañeros. Aquí no se raja nadie. El país entero está orgulloso de sus jóvenes.

La madre: —Ustedes deberían dedicarse a estudiar.

Es decir, ustedes deberían dedicarse a "aprender", a "integrarse", a "asimilarse" al "orden natural"

La madre, otra figura importante en la película, también representa un papel clásico: la mujer que se encarga de los asuntos prácticos, no sólo de la casa sino de la vida en general. Es la que media entre las posiciones antagónicas de los hombres. Es la que cura al joven desconocido cuando sus hijos lo traen a su propia casa. Es la imagen de la compasión y la cordura. Pero también, en ocasiones, de la mediocridad ideológica.

La madre es la que organiza la sobrevivencia al final, mientras sus hijos "los revolucionarios" que se rebelan contra el abuelo y contra el gobierno —contra Dios—, toman, sin embargo, una actitud sumisa ante la madre. Los estudiantes, los hijos y sus compañeros desconocidos, se convierten en niños-obedientes. Es probable que se deba a una conversión psicológica, a un redimensionamiento de los caracteres. Aunque también es probable que se deba a la posición vulnerable de los estudiantes: todos son "refugiados", vulnerables, proclives a ser denunciados; están en manos de la dueña de casa.

De cualquier forma, estas posibilidades "reales" —considerando la inmediatez de la narración—, no parecen ser trascendentes para una lectura más exhaustiva de *Rojo amanecer*.

En cuanto a la hija menor, aparte de su muy mala actuación, representa a un personaje de "transición" generacional.

El siguiente diálogo la sintetiza:

La hija: —[cuando se corta la línea del teléfono] Cuando sea grande voy a tener dos teléfonos, una casota, mucho dinero y muchos sirvientes.

La madre: —¿Te piensas casar con un millonario?

La hija: —No, voy a ser dentista o psicóloga.

Demasiado simple, claro. Demasiado esteriotipado. Prácticamente nada para rescatar. Está claro que la madre representa la "antigua guardia", a la mujer-madre-sometida, mientras la hija es la nueva mujer-liberada. Sin embargo —y creo que tampoco esto es hermenéutica—, la hija también representa una continuidad: la lucha de clases, el deseo de dominio sobre los otros ("sirvientes"), todo lo opuesto a la reivindicación de los hermanos-idealistas y, sin duda, de la película misma.

Esto, incluso, quedará confirmado por una contradicción que se puede apreciar al final. En diálogo con una desconocida "revolucionaria", la hija-moderna le pregunta:

La hija: —¿Te dio miedo allá abajo?

Estudiante: —Sí.

La hija: —Eso déjaselo a los hombres.

Algo parecido ocurre con Luis, el estudiante gravemente herido. Han matado a su hermana y, en un momento, éste dice: "¿Qué cuento le voy a dar a mi papá? ¿Con qué cara voy a volver a casa?" Lo cual constituye la intención de subrayar la continuidad del orden anterior a través de la violencia, del escarmiento aleccionador.

Contextualización histórica

Rojo amanecer en un hecho histórico muy puntual, ya lo sabemos. Pero los espectadores distraídos no deben preocuparse: en todo momento podrán ver un almanaque anunciando la fecha precisa, muchos relojes midiendo cuidadosamente los momentos más dramáticos, podrán escuchar en la radio y en la televisión los informativos que harán referencia al mismo hecho, aunque, claro está, desde el punto de vista del Gobierno-manipulador.[121] Si no saben la fecha, no importa: uno de los protagonistas, casi al inicio, arrancará una enorme hoja de almanaque que dice "martes 1º de octubre" para despejar cualquier duda: es
2 de agosto de 1968.

Por la hora no hay problema: habrá relojes por todas partes, indicando, con precisión, cuándo ocurrió cada disparo, cuándo comenzó y cuándo terminó. Y si alguien tenía duda sobre la cantidad de manifestantes que asistieron al *meeting* de Tlatelolco, la niña-protagonista se lo dirá con una exactitud histórica: diez mil personas —aunque para ello primero fue necesario un juego adivinatorio previo. ¿Cómo lo supo la niña? Bien, esa también fue la pregunta del hermano menor: probablemente los contó.

---

[121] En todo momento, y desde el inicio, la radio hace referencia a números de terroristas que fueron detenidos en algún lugar, los cuales planeaban poner en peligro la Paz y la Seguridad de México y de otros países como Colombia, Uruguay, etc.)

La repetida mención *"faltan solamente diez días para que comiencen los juegos olímpicos, México '68"* no sólo sirven para definir históricamente el hecho que nos importa, sino como dato mismo del problema: el gobierno pretende usar los juegos como cortina de humo para su población y, quizá, para el resto del mundo, y los "rebeldes" lo ven como una oportunidad de llamar la atención o como una necesidad de "descorrer" la misma cortina propagandística que ha levantado el poder.

En una escena final (¡qué previsible, qué burdo, Dios mío!), todos los protagonistas se reúnen alrededor del televisor para escuchar el informativo, como alguien que ha participado de un accidente callejero y quiere verse confirmado en la "hiper realidad" del Gran Medio:

Televisión: —*...veinte personas murieron a consecuencia de un tiroteo provocado por dos grupos de estudiantes* [Etc.] *México es un país en que la libertad impera* [...] *Faltan solamente diez días para que comiencen las olimpíadas de México '68.*

Discurso al cual, con insultos y demostraciones lacrimógenas de rabia, los estudiantes contestan propagando la nueva versión oficial, la que sólo saldrá a la luz después de muchos años[122].

Todo es históricamente cierto, o por lo menos es la verdad que compartimos hoy por casi unanimidad. Es la verdad de los silenciados (casi inútil, porque, como siempre,

---

[122] Nos referimos a la matanza en sí. Ni siquiera la comisión de 1998 pudo encontrar responsables.

es escuchada cuando ya la compasión no llega a los protagonistas, a las víctimas, cuando ya no les sirve para nada y, por lo tanto, confirman una vez más que *cuando la justicia tarda no llega*.[123]

Discurso ético

Pero si el espectador no sabe qué tipo de gobierno tenía México, en 1968, no importa: queda claro, desde el comienzo, quiénes son los buenos y quiénes son los malos. Es más, creo que hasta un espectador ultraconservador podría correr el riesgo de simpatizar con el Che Guevara, no por lo que pueda saber de él, sino en solidaridad con los estudiantes asesinados y torturados por la prepotencia, la cual se revelará en su estado más crudo, realista y verosímil cuando, en una de las últimas escenas, un pequeño grupo de hombres armados entren a la casa-escenario y amenacen a toda la familia con sus armas. De nada vale, incluso, la poderosa "influencia" del padre que aparentemente ostenta desde su posición burocrática:

Hombre I: —¿Así que eres muy influyente? [Luego, mostrando su arma] ¡*Ésta* es más influyente, cabrón!

Queda claro, entonces —como por otra parte nos quedó claro al resto de los latinoamericanos—, que si la razón no importa para justificar al poder despótico, menos

---

[123] Y digo "casi inútil", porque la injusticia humana no tiene límites y, por lo tanto, siempre es bueno conservar la Memoria.

importan los principios morales más básicos ya anotados desde tiempos de Moisés y del *Bhagavad-Gita*, y traducidos 3400 años después en la Carta de los Derechos Humanos.

Aún peor me parecen las descripciones de los jóvenes-víctimas.

Más propio de un documental testimonial, donde se busca el llanto del declarante, que de una película que podría abrir interrogantes éticas sobre un hecho trascendente para la sociedad mexicana —y para el mundo.

Por otro lado, y en consideración del público mexicano de 1989, el personaje del abuelo terminará por anteponer el valor de la familia por sobre la del ejército. Intenta protegerlos usando lo poco que queda de su status de capitán y de su orgullo destruido. El abuelo opta por lo que tiene de humanidad y procura proteger a sus nietos-rebeldes, a su familia. Pero fracasa ante la barbarie que él mismo ayudó a imponer en el pasado y defendió hasta pocas horas antes.

Es decir, *la versión ética del reaccionario queda derrotada* por la injusticia de aquellos que apoyó anteriormente.

En cuanto a las escenas posteriores a la matanza, creo que pecan de sobreactuación, como ya anotamos más arriba, por parte de los actores, y de melodramatismo por parte del guionista.

Y, por si todo eso no fuera suficiente, un final dramático al peor estilo. Los malos matan a los buenos, con mucha arbitrariedad y mostrando toda la sangre. Cuando ya casi no quedan personajes vivos —lo único que tiene en común con una tragedia de Shakespeare—, el nieto-obediente pasa por encima de los cadáveres de su familia; luego continúa bajando las escaleras por sobre otros cadáveres desconocidos. Una especie de Futuro Vengador o de Futura Conciencia parece prometernos justicia desde las tinieblas del tiempo (a hacerse efectiva por la generación de jóvenes adultos de 1989). Todo aderezado con una actuación inverosímil del niño... Pero no es su culpa.

Justificación

En ocasiones, se han hecho grandes obras de arte a partir de temas pequeños, aparentemente intrascendentes. En ocasiones se han logrado resultados opuestos: pequeñas obras sobre grandes temas. Creo que es el caso de *Rojo amanecer*.

Sin embargo, la película tiene un valor que no debemos despreciar. Realizada con escasos recursos económicos y —sobre todo— en un contexto de tabúes y discursos oficialistas, *Rojo amanecer* logra poner sobre el escenario público, no sin coraje, un hecho silenciado por el poder y que será, aún por mucho tiempo, una herida abierta en la sociedad mexicana. Lo hace de forma melodramática y sobreactuada, con la pretensión de contener su propia interpretación, de acuerdo, pero su misión es, quizá, la misión del caricaturista maldito que pone el dedo en la llaga. Y bien hecho está.

Su realización y proyección son de 1989. Tendrán que pasar nueve años para que, recién en 1998, se establezca oficialmente una comisión investigadora[124] que, finalmente, no significará mucho más de lo que significó *Rojo amanecer*.

Rojo amanecer puede ser una película intrascendente para la historia del cine latinoamericano, pero trascendente para la sociedad desde la cual y para la cual fue realizada. En este sentido, no sólo habría logrado su propio objetivo sino que, además, estaría del todo justificada.

Una lectura a través de Mas'ud Zavarzaeh

Rojo amanecer no es un panfleto político. Tiene pretensiones documentales pero, sobre todo, hay una clara necesidad de "denuncia" y "reivindicación". Esto es, en otras palabras, necesidad de un *juicio ético*.

Los hechos no están matizados por la duda. Tampoco se expone o discute el contexto ideológico o político. *La urgencia de reivindicación no lo permite*. Es una reinterpretación del pasado, como podría decir M. Zaverzadeh, "requerida por las necesidades ideológicas del presente"[125]

---

[124] Como toda "comisión investigadora", promocionada por el poder político latinoamericano: tarde o temprano, se convierten en "comisiones justificadoras" de los crímenes de cada día.

[125] As a result of [an] homogenization of the past [...] history is a free-floating moment that is not the effect of economic, political, legal, and philosophical practices of a society but a moral fable —an interpretation of the past as is required by the ideological needs of the present. Mas'ud Zavarzaeh, *Seengs films politically*, pg. 154-155.

El mismo Zavarzaeh, al analizar la tradición en el cine norteamericano, advierte que ésta, la tradición, es una forma de "resolver" las contradicciones ideológicas de la sociedad capitalista, su valoración positiva del cambio (de lo nuevo) y de la estabilidad —permanencia del poder, miedo a lo nuevo[126]— al mismo tiempo. *"Tradition* —dice M.Z.— *in other words, dehistoricizes history and produce a timeless instance in which things changes without ever became different"*[127]

En este sentido, y de acuerdo a lo que apuntamos más arriba, podríamos decir que *Rojo amanecer* "deshistoriza la historia", presentando un hecho pasado, cargado de significación histórica, social, económica y política, para centrarla en un único punto: los valores "permanentes" de la compasión, la tolerancia y los Derechos Humanos —la denuncia de la injusticia, de la barbarie del poder estatal.

Sin embargo, y a diferencia de lo anotado por M. Z. con respecto al cine norteamericano, *Rojo amanecer* pretende oponerse a la ideología predominante, la actual y la de la época —más allá de que lo logre o no, más allá de que termine, por un mecanismo paradójico, sirviendo a la ideología de la época, como una catarsis necesaria que aliviará la tensión y permitirá la continuidad de la clase y de la ideología predominante.

---

[126] La resistencia al cambio, el rechazo de lo nuevo, representada, en *Rojo amanecer*, por la familia de los jóvenes-rebeldes.
[127] Op. Cit. Pg. 155.

En su análisis de *Lost in America*, M. Z. advierte que la conducta de aquellos que se han colocado a sí mismo al margen de un orden social que cuestionan —Linda, Davis y los hippies— confirma, por sí mismas, la ideología dominante.

> [...] The two hippies decide to privatize the contestation of values [and] make their separate peace with the world. [They] are in a sense not really critical of the specificity of their own political situation. Instead of seeking a concrete history of oppositional citizens contesting the practices of capitalist regime, they have traditionalized the conventional life-style of the "bohemian" margin. They emulate mere "dissent" and even then traditionalize (de-historicized).[128]
>
> [...] In their traditionalization of the (bohemian) past, they are as much involved in nostalgia.[129]

Podríamos hacer un rápido paralelismo con los jóvenes-rebeldes de *Rojo amanecer*, con algunas variaciones: los estudiantes revoltosos no "privatizan" su resistencia sino que, muy por el contrario la "socializan". Claro que, tarde o temprano terminarán por justificar no sólo la permanencia en el poder de las clases dominantes sino que, además, justificarán la violencia y los famosos "estados de excepción".

---

[128] Op. Cit. Pg. 162
[129] Op. Cit. Pg. 163

Sin embargo, no debemos pasar por alto que todas estas observaciones, las de M. Z. y la que podríamos trasladar a Tlatelolco, son observaciones, antes que nada, acerca de la lógica de dominio ideológico en la cual están estructuradas las sociedades, particularmente la sociedad capitalista.

Ahora, ¿qué función tendrían en esta lógica películas como *Rojo amanecer*? Desde este punto de vista, la respuesta no parece obvia. De hecho, los resultados podrían ser dispares e inversos. *Rojo amanecer* podría ser el vehículo de esa "tradicionalización" de la marginalidad, de la resistencia —atemporalidad resignada, elemento inmanente de "incomodidad" social, de la misma categoría que los son los drogadictos—; o, muy por el contrario, podría significar, lisa y llanamente, una legitimación de la desobediencia.

Ambos son extremos de un mismo espectro. Entremedio quedan matices más verosímiles. Probablemente el mismo Zavarzaeh ya lo ha sintetizado de la siguiente forma:

"People may 'dissent'[130], but dissent, it is implied, is really a form of adolescent political tantrums: one grows up and recovers from it or one regresses into life-long infantilism and is thus banished from the society of adults. [Dissent] is ineffective because it is an idealistic distancing from the existing institutions of capitalism and not a materialist

---

[130] Es importante la diferencia entre "disenso" y "desobediencia". En ella se asienta uno de los rasgos principales de la futura sociedad del presente siglo.

critique of its operations nor an intervention in its economic order and class organizations of culture."[131]

Ni en *Rojo amanecer* ni en *Lost in America*, los protagonistas tienen éxito en su opción "rebelde". La película norteamericana tiene un final, de alguna forma, feliz, humorístico (especialmente, las películas clase B todas terminan con una broma y una sonrisa). No es el caso de *Rojo amanecer*, donde abunda la sangre y la derrota.

En ambas, predomina el escepticismo:

An adult person cannot step out of the dominant practice of the culture.[132]

---

[131] Op. Cit, Pg. 165
[132] Op. Cit. Pg. 168.

La vendedora de rosas

Gaviria, 1998

La novela naturalista surgió en Europa en un contexto de miseria de las nuevas clases urbanas, producto de la Revolución Industrial, es decir, del Progreso. Películas como *La vendedora de rosas* pertenece a un género que, más que naturalista, pretende ser hiperrealista. Por alguna razón, ni el naturalismo ni el hiperrealismo surgen y se desarrollan en las clases altas—quizá porque allí nunca encontraremos nada natural y mucho menos algo "real", algo que no haya sido falseado por la sofisticación y el poder.

Este tipo de expresión artística es inseparable del drama social en el cual no sólo se "produce" sino que, además, se refleja. Es la versión trágica de los posmodernos *reality shows*; es la versión menos falsa de la realidad.

A primera vista *La vendedora de rosas* se nos presenta como una denuncia con el acento puesto en la situación vulnerable y trágica de los niños de la calle. Y, antes que eso, de las niñas, de estos sujetos múltiplemente vulnerables—y vulnerados—de nuestras sociedades. Probablemente esa ha sido, además, la intención de sus realizadores. Pero creo que su gravitación abarca mucho más.

La vendedora de rosas no es una película, en el sentido hollywoodense de la palabra: es un cuadro, un mural abrumador. Extralimitando la comparación con los cánones clásicos, podríamos decir que ni siquiera posee una trama, y si narra una historia lo hace en los mismos términos que puede hacerlo una fotografía, una serie breve de fotografías, una breve imagen en el noticiero televisivo. De hecho, los diálogos no se entienden, o se entienden muy poco. Porque las palabras salen de la boca de un drogadicto, de un borracho, o porque, de hecho, no dicen nada y sólo se limitan a un reducido número de palabras, las pocas que aprendieron estas víctimas-victimarios para insultar—"gonorrea" sirve para todo—para decir poco más de lo que pueden decir con los gestos, con los silencios, con un palo, con un cuchillo, con una pistola en la mano, con la mano de un hombre en los glúteos de una niña que ya ni se sorprende, que ya no tiene lugar para nuevos traumas porque casi ha dejado de ser una persona.

La vendedora de rosas es una imagen que habla a gritos, no con la pulcritud lógica de una novela policial, sino a través del agobio, de la repetición de un drama real que es, también, repetido. Repetido hasta la muerte—real—de sus protagonistas. Un momento fugaz en las breves vidas de estas niñas y no tan fugaz en la vida de las sociedades latinoamericanas. Especialmente de los últimos años.

La pobreza siempre existió—no sé si alguna vez existió la "pobreza digna" o si este tipo de dignidad sólo fue una invención de las clases dominantes—, pero lo novedoso quizá sea el volumen, la intensidad y la violencia del eterno baile que la vida ha mantenido—por momentos de forma obscena—con la muerte. Creo que una sola imagen condensa a *La vendedora de rosas* y, por extensión, a la realidad de esa región del mundo: el rostro de una niña/o hablando con un frasco de pegamento en la nariz. Toda la violencia restante se supone, porque si en algo intervinieron los realizadores de esta película, no sólo consistió en mostrar los que se oculta, sino en no mostrar lo que se acepta, en evitarnos—a nosotros, educados y agobiados espectadores —la violencia de más realidad. Porque ya está bien con fastidiarnos con el pegamento; no era necesario ponernos en la incómoda situación de presenciar más desgarros, explícitas violaciones sexuales.

Claro que, si dejamos de lado lo que más importa, podemos analizar un poco el resultado artístico. La sola elección de unos pocos elementos —por representativos que sean— entre un conjunto vasto, casi infinito o por lo menos inabarcable, resulta en un juicio, ético y estético. Entre esas elecciones está la fecha, por demás simbólica. De hecho, no creo que haya en nuestro mundo una fecha más simbólica y llena de connotaciones que la navidad. No sólo para los cristianos. Esta elección no sólo permite agregar un nuevo elemento en la serie—droga, fantasía, luces, pólvora—: la fugacidad de la ilusión, de los fuegos artificiales. Como ya hemos visto en otros ejemplos, aquí también aparece la religión como problemática pero, sobre todo, la Iglesia, de una forma directa o indirecta, como símbolo de las contradicciones de nuestras sociedades, como referente de la esperanza y de la inutilidad, del misterio teológico—¿por qué existe el dolor, el Mal, si Dios es, Todopoderoso?— y de la farsa institucional.

Para la protagonista, la virgen y la madre son la misma cosa[133]. Ambas representan una promesa de liberación. La virgen promete una *liberación futura*; la madre promete rescatarla *desde el pasado*. Aquí el presente contrasta violentamente y nos señala el género cinematográfico de ciencia-ficción-catástrofe, donde el mundo ha sucumbido al caos y la gente—una clase sumergida, lejos de los poderosos, como siempre—busca desesperadamente sobrevivir entre la peor miseria y abandono, entre la violencia y la alineación. *La vendedora de rosas* nos dice que ese futuro ya llegó, que el caos es ahora, que el mundo ya se ha perdido. La destrucción, la decadencia—moral y material—conviven con elementos de la modernidad[134]. Sólo que aquí, a diferencia de Hollywood, no hay promesas de redención, no hay héroes organizando la resistencia, incubando la rebelión. No hay esperanza, sino la muerte. La muerte para alcanzar la liberación virginal; la muerte—como de hecho sucede—para volver a los brazos de la madre.

Desde un punto de vista simbólico, no es casualidad que ésta, la madre, junto con toda su familia, aparecen en los sueños y en la alucinaciones de Mónica como personajes

---

[133] Esto no solo se demuestra con la actitud física de la madre, sino por la sustitución imaginaria que en hace la protagonista de la estatua de la virgen maría en procesión carnavalesca.
[134] Patines, teléfonos, relojes, televisores, autos, motocross, armas de fuego, fuegos artificiales.

del pasado, rodeando una mesa[135] —la verdadera navidad— y calurosamente pulcros en sus gestos y en sus vestidos. En otros momentos, y con otros personajes, se aludirá a este mismo trasfondo: *la disolución de la familia* como causa o síntoma de la decadencia y el regreso a la misma como posible camino de redención[136]. Es el paraíso perdido. Y lo más grave de todo: Es el paraíso perdido. Y lo más grave de todo: nada de esto es pura ficción.

Ahora, La vendedora de rosas no solo fastidia por la reiteración de una realidad que nos choca, sino—desde un punto de vista formal—nos fastidia porque no podemos reconocer en ella el modelo tradicional de narración. La ausencia de trama, la contingencia de los hechos, en omnipresente. "(...) *in order to counter the aesthetic of realism, which was hopelessly compromised with bourgeois ideology, as well as Hollywood cinema, avant grade and feminism filmmakers must take an oppositional stance against narrative "illusionism" and in favor of formalism. The assumption was that "foregrounding the process itself, privileging the signifier, necessarily disrupts aesthetics unity and forces the spectator's attention on the means of production of meaning"*[137]

---

[135] En una rueda de drogadictos, uno de los niños ofrece la "sobremesa": más pegamento que reparte de a chorros a sus compañeros.
[136] Me refiero al regreso de la niña a su casa, la aparición del padre—de pantalones blancos—que rescata a la niña morena, etc. Cuando el padre y su hija se van, las otras niñas miran desde una ventana de la pensión y una de ellas dice: "Con un papá así, yo me voy también".
[137] Technologies of Gender, Aesthetic and feminist Theory.

Cine politico latinoamericano

Tiempo de revancha

Adolfo Aristaran, Emilio Kauderer, 1981.

La palabra y el silencio

En los últimos veinte años, el tema principal en el cine argentino ha sido, sin tregua, los años oscuros de la pasada dictadura militar (1974-1983). En todos los casos, la crítica —social, política, ética y económica— es un factor común. Creo que, si por algo se diferencia el cine latinoamericano del cine de Hollywood, no es tanto por sus recursos sino por su discurso marginal, por cierta tradición de resistencia a la ideología dominante. Por otra parte, en América Latina es *casi* imposible concebir el arte por el arte mismo, como un juego formal de efectos sensoriales, quizá porque nunca tuvimos una *belle époque*: en nuestro arte —y particularmente en el cine— ética y estética conforman un cuerpo indivisible, pero *además* una preocupación permanente, conciencia lúcida de inconformidad.

También ello nos muestra dos cosas: un período de democracia política y, al mismo tiempo, de injusticia social. Pensemos, entonces, en un tiempo (1981) y en un lugar (Argentina) donde ni siquiera existía la formalidad de la democracia ni el derecho *inofensivo* al disentimiento. Como ha ocurrido antes, y como ocurre actualmente en otros países en situaciones semejantes, la única salida es la metáfora, *el caballo de Troya*.

Tiempo de revancha es ambas cosas. Realizada y estrenada cuando la dictadura militar comenzaba a tambalearse, esta película protagonizada por Federico Luppi no se confronta directamente al gobierno de la época. Sin embargo, su crítica va dirigida al poder de clase —el primer beneficiario de la dictadura militar—. En este sentido, posee un trasfondo ideológico proveniente del marxismo y del cristianismo primitivo.

Ya desde el comienzo veremos los diferentes símbolos de una Navidad que recuerda en todo a Nueva York, al paradigma de la urbe empresarial y financiera. La imagen de Papá Noel (icono religioso de Marlboro y la Coca-Cola), el coro de fondo, y un hombre que, con gesto empresarial, se aproxima a una alta y pulcra torre de oficinas que bien podría estar ubicada, junto con las otras que la rodean, en algún lugar de Manhattan.

Pero estamos en Buenos Aires. Aquí, en el primer diálogo, en la primera escena interior, tomamos conciencia de una trasmigración obscena: un exsindicalista procura borrar su pasado para lograr un puesto en una mina de cobre. Es decir, aquí tenemos a un representante del margen absorbido, al mejor estilo clásico, por el centro. Por supuesto que ese centro se ha servido de un poder político despótico, pero continúa actuando según sus mejores estrategias: la persuasión del discurso correcto, la ética de la "libre competencia", del progreso del individuo y de la Nación.

Bursaco, la megaempresa, es la religión que debe legitimar toda acción y todo discurso. En la entrevista del probable empleado con el gerente, éste le repite insistentemente: "¿Le gusta su trabajo, Bengoa?". Es un sondeo de fe, una iniciación del aspirante a la secta. Sabemos que no cualquiera entra a ese tipo de cofradías —un pequeño empleo en una Gran Empresa—, y para ello siempre es necesaria una transformación iniciática. Al mismo tiempo, el Señor Gerente insiste en aclarar que *todo existe gracias a un solo hombre* (dios, pongámoslo con minúscula). Cada megaempresa es una religión jerárquica, como la Iglesia, con un dios, un papa, con sus santos y sus ministros, con una sola ética y una sola fe. Se debe estar con ella o se es su enemigo; se debe respetarla y amarla sin concesiones, aun cuando en su defensa alguno de sus "fieles" deba perder la vida en alguna inútil explosión. Para estar seguro si el candidato ha sido éticamente integrado al centro, el gerente no sólo procurará asegurarse que no posee un pasado infiel —de contestatario sindicalista; no se aceptan marranos conversos— sino que además deberá asegurarse de que posee la mayor virtud que pueda poseer un hombre que aspira a identificarse con la religión *Bursaco*: la ambición del candidato. Para demostrárselo, el exrebelde dice, con cara de inocente y con tranquilidad de mercenario: "Bursaco paga, yo trabajo. Lo demás no es problema mío". Momento en que, por lo menos en apariencia, el iniciado demuestra poseer los valores éticos necesarios para formar parte de la empresa y, como consecuencia, poder sobrevivir como hombre y como ciudadano.

Sin embargo, a medida que transcurren los acontecimientos, el pasado oculto reaparece y, con él, la conciencia de una ética derrotada, no sólo por el poder sino, sobre todo, por su propia concesión al mismo.

Ahora, ¿cómo Bengoa (el protagonista, el que "viene a") ha logrado esta provisoria transformación? Con las mismas armas del enemigo: ha simulado, ha mentido, ha sacado a relucir su arista de ambicioso, de inescrupuloso —de amoral— para lograr un objetivo personal. Ha aprendido la ética de la antiética, o ha sido una parte constitutiva de su persona desde siempre.

"Yo me la jugué y me mandaron al frente —dice más tarde, justificándose a través de su pasado cristiano-sindicalista— y me mandaron al frente. ¿Y qué conseguí?"

Sin embargo, esta transformación de la personalidad en un hombre ya canoso no podrá ser sostenida por mucho tiempo. Y éste presentimiento ya aparece como advertencia en su padre: "Un día te van a provocar y vas a abrir la boca", lo cual constituye, además, una clave simbólica de la película: *abrir la boca para alzar la voz de protesta ha traído hasta entonces más injusticia, represión y derrota.* El margen no puede usar las mismas estrategias que el centro, porque el centro lo hace mejor, su voz es más fuerte y, lo que es peor, es más verosímil, más "centrada", más "realista" y "madura".

Apenas llegados a la región de las minas ocurre un hecho sutil: Bengoa carga sus propias valijas, mientras el ingeniero le dice que no lo haga, que para eso está "el Golo" (el indio). Bengoa no acepta y el ingeniero desliza una mitrada de desconfianza. El nuevo converso demuestra valores de conducta peligrosos; su conciencia de dominado-dominador no es clara.

Pero el pasado regresa. Entre sus súbditos encontrará a un antiguo compañero de militancia sindicalista, el cual ha sido igualmente integrado al centro.

"Soy un angelito —dice el viejo amigo—. No protesto. Hay que morfar. Yo les sigo el juego. *No hablés*, no protestés. Esto es el infierno".

Al mismo tiempo, la mujer de Bengoa le sugiere alejarse de su amigo: "Vinimos aquí para vivir tranquilos", le dice.

Finalmente, se nos revela el motivo principal de la trama: la simulación de un accidente, por parte de Bengoa y Bruno con el objetivo de cobrar una importante indemnización, como consecuencia de un accidente laboral que debería dejar mudo a Bruno. Para ello, ambos exsindicalistas planean usar las mismas armas del enemigo, legitimada por la ética del centro, es decir, el beneficio propio. Y si el ataque es contra aquellos que continúan sin legitimarse para dos rebeldes derrotados, mejor.

Pero las cosas no resultan como fueron planeadas anteriormente. Bruno se acobarda y, en su intento de huida a último momento, muere en la explosión. Bengoa ocupa accidentalmente su lugar y, al ser rescatado, finge no poder hablar.

Hasta aquí, Bengoa se posicionará desde la ética del vencedor para cobrar la indemnización, no como resultado de un juicio legal sino por medio de una negociación-chantaje que un abogado cómplice e inescrupuloso se encargará de llevar a cabo. Sin embargo, cuando Bengoa y su abogado visitan la casa del "único hombre", dueño del imperio empresarial, con el objetivo de negociar el chantaje, se produce la gran inflexión en la vida del personaje y en el discurso de la película misma. Enterado de que las muertes de sus compañeros habían sido a consecuencia de la explotación de una mina de cobre que no tenía cobre, Bengoa rechaza la oferta del dueño de Bursaco, la cual había superado ampliamente las ambiciones iniciales de su abogado y de él mismo.

Es en este momento que se produce el principal mérito discursivo de *Tiempo de revancha* que es, al mismo tiempo, un hallazgo ético e ideológico —si no estratégico, también—, representado magistralmente con una metáfora aparentemente común. Bengoa decide ir a juicio y emprender así su mayor batalla contra el Imperio. Larsen, el abogado mercenario, le dice que "la mejor forma de cagarlos es sacándoles la guita". Sin embargo, Bengoa entiende lo contrario: la pérdida de dinero, como la ganancia, son parte de las reglas del juego capitalista. No lo son, en cambio, aceptar nuevas reglas de un individuo marginal que ha decidido no venderse. No persigue tanto la destrucción de Bursaco, la revelación de su inmoralidad y su vulnerabilidad —lo cual sería una tarea casi imposible, mucho más para un solo hombre—, sino su propia reivindicación ética y su *revancha*.

Podría entenderse —y creo que las autoridades de la época así lo debieron hacer, ya que si de algo no abundaban era de perspicacia—, que finalmente triunfa la "justicia institucionalizada". Sin embargo, éste es un error: Bengoa *usa* esa justicia que, en cierta forma, es respaldo de Bursaco. Bengoa gana el juicio mintiendo, aunque no usa ni una sola palabra. La mentira y la deshonra de la justicia formal es otro de los habitantes secretos del caballo de Troya.

A partir de ese momento todo depende de él. Todo depende que logre *no decir palabra alguna*. Finalmente triunfa en su objetivo y lo hace con una paradójica excepción. Su pasado de militancia sindicalista representa al que denuncia, *al que promueve el uso de la palabra*. Pero la palabra está colonizada por el discurso de la ideología dominante y, por ende, no sólo no servirá para destruir la relación de dominación y dependencia del centro, sino, sobre todo, será ésta —la palabra del disidente— un motivo más que legitime la opresión irrestricta del poder central. Incluso uno de los personajes —El Golo, el descendiente de los indios que lucharon por su tierra y pagaron su derrota con la muerte o con el exilio— acepta presentarse como testigo en el juicio. *Habla*, y por eso lo matan.

Tiempo de revancha culmina con una escena más simbólica que verosímil, pero necesaria: el protagonista triunfa y pronuncia una sola palabra en la ducha, en un espacio íntimo: "ganamos". Pero luego de advertir que el enemigo permanece amenazante —ha sido ofendido pero no destruido—, se corta la lengua con la frialdad de un cirujano. La lengua no le sirvió para salvarse sino, por el contrario, terminó por someterlo y esclavizarlo. Por si fuese poco, su integración a la órbita del centro ideológico había sido gracias a su lengua. Con ella había mentido y ocultado su pasado. No la había necesitado para derrotar al poder, para reivindicarse como hombre ético, para honrar su memoria y justificar su propia existencia, pero por ella podría volver a caer. Como dijo su padre al comienzo, un día iba a decir lo que no debía y volvería a perderse.

Ahora, ¿debemos tomar este descubrimiento de forma literal o como una metáfora? Creo más en la segunda posibilidad. No sólo se entiende como la entendió Mahatma Gandhi, como una posible resistencia pasiva, sino como estrategia dialéctica: una relación de dominación no se supera usando las mismas armas del opresor ni oponiéndose a él desde una posición antagónica. La ideología dominante es, en el fondo, una relación dialéctica que mantienen recíprocamente el opresor y el oprimido. La ruptura de esta relación, el no-reconocimiento de su lenguaje, es lo que amenaza el poder del opresor.

Tiempo de revancha está estructurado como una película clásica de género policial. No hay innovaciones técnicas ni grandes experimentos formales. No nos exige una permanente atención interpretativa; por momentos —sobre todo al final—sólo debemos resignarnos a presentar una tensión propia del género policial y esperar la resolución del juicio y de los acontecimientos. Tampoco hay un excesivo trabajo sobre los elementos simbólicos propios del cine latinoamericano. Casi no importan los vestuarios, casi no importan los escenarios finales, los colores, los espacios. Las conductas se vuelven llanas, no nos exigen un esfuerzo hermenéutico o psicoanalítico; no son más reales sino más realistas.

No obstante, no debemos incluirla en el vasto grupo compuesto por el juego razonable, vulgar y clásico del género anglosajón. Como tantas otras realizaciones del cine latinoamericano, su épica consiste en ver su propia sociedad desde el margen. Sus defectos muchas veces son la crítica, el cuestionamiento y la incomprensión del mercado. Su mayor virtud, quizá, sea haber logrado una magnífica metáfora sobre la dialéctica del poder, una dura y ácida ironía de la lucha de clases.

Diarios de motocicleta

Walter Salles, 2004

En 1773, el falso "indio neto", Concolorcolvo, realizó junto con Don Alonso un viaje por Sudamérica, iniciado en el Río de la Plata y culminado en Perú. No sólo el recorrido geográfico es semejante al realizado casi dos siglos después por Ernesto Guevara y Alberto Grandos sino también la pretendida legitimación intelectual de la crónica y el rechazo de la historización libresca de Europa. En su diario de viaje, Concolorcorvo anotó que los criollos sabían más de la historia europea que de la suya propia, tópico que reaparecerá en *Diarios de motocicleta* en el mismo espacio mítico: Perú. Pero si la ideología del falso inca victimizaba a los abnegados conquistadores y difamaba a los salvajes habitantes de estas tierras, el punto de vista del nuevo mártir latinoamericano debía ser el opuesto. Como nos dice Joseph Campbell (en *The Hero with a Thousand Faces*), el héroe mítico debe hacer un viaje de iniciación, descender al infierno antes de la iluminación. En el lenguaje latinoamericano de liberación (Paulo Freire), esto significa *concientização*. Una vez obtenida, procede la comunicación del Hombre Nuevo y finalmente su sacrificio. El mito es más que la realidad y menos también. Mircea Eliade (en *El mito del eterno retorno*) nos recuerda su naturaleza oral, es decir, alejada de las complejidades del texto escrito y del tiempo histórico, lineal. Todo mito, luego de alcanzado su arquetipo, se mantiene invariable, funcional a un determinado conocimiento que se supone inmanente a todo ser humano, más allá de su tiempo y de su contexto.

En *Diarios de motocicleta* el mismo texto fílmico incluye, al inicio, una auto referencia a otro par célebre y desigual (necesariamente *desigual*, entiendo, porque se trata, además, de héroes dialécticos): Don Quijote y Sancho Panza. La identificación de *La poderosa* con Rocinante —ambos son nombres paradójicos— pretende completar la composición mítico-estética; la motocicleta cumple una función simbólica, al extremo del fetiche, ya que desaparece rápidamente en la historia pero predomina en el título y en toda la iconografía de la obra. El par Granados-Guevara invertirá sus papeles a medida que avance la narración, al igual que lo hicieron los mismos personajes de Cervantes, en su momento. Pero esta última referencia se pierde en la película. Importa más anotar que también la alusión al antihéroe manchego es una alusión directa —aunque no deliberada— al *héroe latino*, desde Cervantes: el héroe en tiempos de la Contrarreforma —al igual que el Robin Hood en tiempos de la peste negra, de las revueltas campesinas y del cuestionamiento al papado— se lanza al mundo, a la aventura, para hacer justicia. Como si fuera una oscura herencia gnóstica, para nuestra subcultura católica el mundo es el orden del demiurgo, del mal. América Latina es una de sus últimas creaciones. Por lo tanto, como El Zorro, el héroe latino sólo puede ser marginal. Diferente —y no sin paradoja histórica—, para el héroe protestante (Superman & Co., incluido un héroe neogótico como Batman) los buenos están en el poder y los malos escondidos en la clandestinidad, en cavernas profundas, amenazando con adueñarse de un mundo que ya tiene dueño. Diferente a otro par desigual, Holmes-Watson, Superman no es un héroe dialéctico y por eso es solitario; cuando Batman pierde a Robin en los años '90, radicaliza ese mismo perfil: expresión pura de la fuerza bruta, de la hegemonía que no se cuestiona ni rinde explicaciones de sus acciones. "Luchar por la justicia" no es más que restablecer el poder hegemónico imperante que los marginales quieren destruir. Ambos, el héroe latino y el héroe anglosajón, ocultan sus identidades; los primeros se la ocultan al poder central, los segundos a los villanos marginales. Ambos se travisten, porque el poder como la verdad —desde Heráclito— siempre están ocultos. Pero si el héroe latino es mítico, el anglosajón es mitómano. La batalla trascendente (por el poder, por la verdad) se produce en el cielo o en el infierno, pero nunca en el plano medio de los mortales. *Diarios de motocicleta* narra el nacimiento de uno de estos héroes míticos (de perfil latino) que, en el recorrido de su largo viaje, debe sumergirse en el Hades antes de ascender al Olimpo. La atracción irresistible consiste en narrarlo *desde* el espacio humano, vulnerable, no mítico. Semejante, sería una película que narre la vida de Jesús antes de su bautismo en el río Jordán.

Como la independencia de América Latina nunca aconteció, era natural el surgimiento de una figura redentora y es natural su sobrevivencia mítica. Más profundo aún que la ideología que encarnó como ideal supremo, era la necesidad del mesías que rescataría a un pueblo largamente oprimido, empantanado, como pocos, en su propio pasado, bajo la doble tentación de matar al opresor o dejarse seducir por él hasta los límites de las "relaciones carnales" (sic Carlos Menem). Ahora, si bien el Che Guevara histórico es mucho más que un arquetipo, es sólo éste, el arquetipo mítico, el que aparece en el subtexto de *Diarios de motocicleta* —y en los consumidores de "rebeldes" anglosajones—, recreado desde sus propias debilidades humanas. Pese a todo, el mito del Che Guevara no puede alcanzar la categoría absoluta de los mitos antiguos. Se lo impiden la enorme cantidad de documentos escritos y una mentalidad moderna proclive a la duda crítica. Por otro lado, se lo facilita una cultura ultramoderna: habiendo renunciado a su principal vocación, la revolución, nuestro tiempo se ha decidido por la iconolatría y la mitologización de la historia, por un pensamiento basado en lenguajes —en sistemas independientes de juegos, como el informático—, no en ideas que busquen la comprensión global de cada una de sus partes. Sumergida en un mar de textos digitales, la mentalidad ultramoderna se descansa en la micro narrativa de la publicidad, en la imagen simbólica y en el slogan, simplificador y repetitivo. El nuevo fetiche lleva la marca de su propio tiempo: el consumo estético y la antidialéctica publicitaria.

Para ésta, más allá de cualquier narrativa está el mensaje directo, fragmentario. No hay relación entre un evento y el próximo, lo cual no es entendido como un defecto sino como una virtud. (Es nuestra etapa de autismo social e histórico, propia de una transición.) Pero para que cada evento entre en el círculo del consumo, debe adecuarse a los parámetros des-problematizadores. El arte abandona sus pretensiones de cambiar las expectativas de los consumidores y se especializa en satisfacer esas mismas expectativas, según una cultura hegemónica mayor que se caracteriza por su práctica mitómana. Es decir, la obra de arte —en este caso *Diarios de motocicleta*— debe alejarse de lo "políticamente incorrecto" lo cual incluye, también, confirmar un perfil de rebeldía, de individualidad del héroe. Así se forja el paradigma del rebelde integrado de nuestro tiempo, para el cual la rebeldía consiste en cambiarse el color de pelo y ponerse aros en la lengua para "expresarse a sí mismo". De la misma forma, también el héroe o el intelectual apocalíptico se transforma en un lubricante de la gran maquinaria, funcionario complaciente de la masa.

Ambas carencias y virtudes del mito moderno afectan a la película *Diarios de motocicleta*: si no hay mito absoluto, sino mito problemático, tampoco una reconstrucción del mito tradicional puede estar a salvo de los extremos de la crítica. Toda obra de arte posee un componente político y al mismo tiempo es más que política; pero en ocasiones esta dimensión es tan gravitante que resulta tan artificial excluirla de un análisis de la obra como describir la sonrisa de la Gioconda sin considerar algún tipo de emoción en el referente. A ello sumemos que, como ocurre en casi todo el cine cubano desde la Revolución, el texto más importante no está explícito en la obra misma, en la narración fílmica, sino en su propio contexto. Es decir, es lo que podríamos llamar una *obra de arte histórica*. A diferencia de *Edipo Rey* (obra de arte mitológica), para la cual el contexto es irrelevante o apenas anecdótico. Excluir el contexto político-histórico en las películas del Nuevo Cine Latinoamericano y del más actual cine cubano (dentro y fuera de la isla), sería una exageración semejante a *reducir* el Pato Donald a su subtexto ideológico. Lo cual no es imposible, porque el subtexto existe, pero el resultado de semejante ejercicio es más propio del arte mismo que del análisis crítico: es una creación libre, *estimulada* por el referente; no una creación crítica, *condicionada* por aquel. El contexto hollywoodense, en cambio, puede ser desconsiderado, no por su ausencia sino por su omnipresencia. El cine revolucionario o problemático es una respuesta a una hegemonía y, por lo tanto, se transforma en un arte político. De igual forma, la heterosexualidad, al ser asumida como hegemónica, pierde ese (explícito) carácter político; el gay, por el contrario, al confrontarse con una reivindicación inevitablemente transforma su sexualidad en un hecho político.

En *Diarios de Motocicleta* la hibridez consiste en unir estos dos polos, en partes desiguales. El héroe revolucionario, pasada la amenaza histórica, no se convierte en pieza de museo sino en algo más inofensivo: es integrado. Pero para su digestión, antes debe ser pasterizado hasta lograr un carácter opuesto al Che Guevara histórico. También el mito pierde sus aristas filosas (políticas, por ejemplo); se convierte en producto de consumo: rápido, fácil, *desechable*. Si en apariencia vence la ética del rebelde, en definitiva triunfa su propia neutralización como elemento problemático, ya que no hay un compromiso material del neorebelde sino su propia complacencia simbólica. La ética del rebelde es neutralizada por la estética hegemónica.

En otro plano, entiendo que no es la emotividad de la película, como ha anotado profusamente la crítica, su punto más débil. Después de Bertolt Brecht pareciera que es casi imposible reconocer en el arte de catarsis algún mérito. Después del gran Nietzsche y del no tan grande Ortega y Gasset, la masa ha pasado a ser la receptora de todo el desprecio de la inteligencia culta. Mercado y espíritu son antagónicos, como la cantidad lo es a la calidad; por lo tanto, según esta escuela, pueblo y profundidad deben serlo también. Pero el arte no es nada sin las emociones y éstas no son propiedad de una elite de intelectuales (menos de intelectuales inconmovibles). Por otro lado, para este tipo de complejos, es más fácil el rechazo que la apología, ya que en la primera el crítico se coloca a sí mismo en un plano superior a la obra en cuestión y en el segundo renuncia al privilegio. La crítica se ha mofado del "sentimentalismo" de *Diarios de motocicleta*, lo cual es característico de cualquier comentarista que se ubique en el plano de privilegio por el solo hecho de sonreírse: llorar, emocionarse, es de seres inferiores, generalmente femeninos y con poca penetración crítica. Por las dudas, hay que mofarse de las emociones. Pero si esta película logra emocionar es por mérito propio, más aún si lo hace en momentos de cierta cursilería. Ahora, si esta inocencia es el motivo de la emoción de un grupo social, deberíamos reconocer que nuestro juicio debe ser relativo a los objetivos de una obra de arte. También Shakespeare hace llorar con un amor cursi y romántico como el de Romeo y Julieta. (Hoy en día, otros genios hacen llorar con amores más sofisticados; pero más bien se trata de un llanto crítico.)

Podemos anotar, entonces, que los mayores defectos de esta película están, no en su capacidad de emocionar a un grupo social x, sino en su incapacidad de sostener la emoción en un grupo social y —asumido como superior al grupo social x—, interrumpiéndola con momentos de inverosímil inocencia de su protagonista. Desde este punto de vista (y), *Diarios de Motocicleta* falla en varios momentos, de forma progresiva hasta alcanzar un final muy inferior a cualquier expectativa. Si la historia no podía incluir el momento trágico de su muerte —lo que hubiese completado el canon clásico, para un grupo social x— al menos se pudo haber dejado abierto el final con un verdadero cambio psicológico en el protagonista. Un viaje y una concientización merecen, al menos, un bildungsroman.

Sin embargo, *Diarios de Motocicleta* se sostiene por un metatexto infinito: sin él, la película sería el *road movie* de un ocioso señorito de la clase media burguesa de Buenos

Aires. Nada en ella nos muestra a un hombre excepcional, sino todo lo contrario. Incluso, si por un lado se pretende resaltar la honestidad original del protagonista, sus facultades intelectuales están permanentemente puestas en duda. El discurso "latinoamerican-ista" que atrapa la atención de Alberto y del resto de las personas en medio de su fiesta de cumpleaños, en el leprosario de San Pablo, es más propio de Cantinflas que de un futuro mito de la política mundial. El final es totalmente decepcionante. La despedida de Ernesto y Alberto en un aeropuerto de Venezuela es patética. Hay que imaginarse a un Che Guevara confesando, con una gran dificultad de expresión oral, que el viaje lo había cambiado. ¿No se trataba, precisamente, de eso? Pero el protagonista debe decirlo porque la película fracasa al mostrar ese cambio. Tampoco era necesario que comentara, como si ni él se lo creyese: "Tantas injusticias, ¿no?..." seguido de unos puntos suspensivos que revelan la carencia de lo que más proliferaba en el Che Guevara histórico, en el héroe dialéctico: su verborragia, aunque a veces desprolija; su creatividad literaria condensada en aforismos, luego convertidos en refranes populares o en muletillas del propio Jean-Paul Sartre. Si estas palabras pudieron haber sido las verdaderas palabras que pronunció Ernesto Guevara en ese preciso momento, habría que quitarlas por inverosímiles. En la vida diaria, la mayoría de las cosas que decimos son triviales y hasta estúpidas. Pero procuramos no ponerlas en un libro. Menos en el final de una película que tiene al Che Guevara como protagonista central. Todo lo cual nos hace pensar que cuando Salles eligió el tema de su próxima película realizó la mitad de una gran obra; pero la otra mitad era demasiado grande.

Finalmente, anotemos que la canción de Jorge Drexler, ganadora del primer Oscar a la música para una canción en español, no forma parte de la emotividad de la narración. Esta asociación, música-historia, históricamente ha sido fructífera: cuando uno de los términos del par fallaba, era salvado por el otro. En este caso la canción premiada fue relegada al final, como cortina musical de los créditos, cuando la hipnosis de la historia se ha interrumpido y los espectadores comienzan a pensar dónde dejaron el auto. Drexler tiene composiciones harto más impactantes que "Al otro lado del río", pero, como todo premio, éste también forma parte de un contexto que debe ser analizado más ampliamente por la crítica. Una de las claves es el mismo hecho de que la mitomanía de la academia no lo dejó interpretar su propia canción en la Gran Noche (la ausencia de un Che García Bernal en la premiación, en protesta por este hecho, es la respuesta del rebelde integrado que se corresponde con las expectativas del mercado y con el estilo de su lenguaje), eligiendo a Antonio Banderas (*El Zorro*), por su imagen y no, obviamente, por su voz. Lo que hubiese equivalido a entregarle el premio Nobel a Mario Benedetti a condición de que el discurso de agradecimiento lo dijera Jennifer López, explicando cómo pensaba decorar urgentemente la Casa Blanca si fuese presidenta de Estados Unidos (sic).

Retrato de Teresa

Pastor Vega, 1979

La voz y el silencio más allá del discurso explícito en *Retrato de Teresa*.

Pastor Vega vuelve, en *Retrato de Teresa* a su viejo amor: tratar un problema social desde el drama individual de una mujer. Podríamos decir que el tema central de esta película es «la situación de opresión ideológica de la mujer en una sociedad machista». Como tema es casi un cliché. Como problema social no es menos real ni menos dramático, lo que justifica una película. Probablemente en los años '70 la problemática de los géneros no era un centro de debate social en Cuba ni en muchos otros países latinoamericanos. Sí lo era, claro, en los ámbitos académicos y entre los artistas e intelectuales como los del grupo del ICAIC. El cuestionamiento de Teresa a su marido al final de la película ("si yo hubiese hecho lo mismo, hubiese sido igual? Responde") no es una problematización sino una pregunta retórica. No por casualidad él no responde. Tan retórica como algunas observaciones de la otra Teresa (de Laurentis) cuando hace referencia a la "sexualidad" de las lenguas (mejor digamos "lenguajes") románicas. Roman Jakobson descubre (o expone) la idea de que no hay una razón para una ley universal en la referencia de la Luna como femenino y del Sol como masculino.[138] Como si la posibilidad contraria fuese algo terrible, origen de todas las opresiones e infelicidades de las mujeres a través de la historia, de Laurentis no puede ocultar su precondición partidaria —nada analítica— con la expresión humorística e irónica *"Thank heavens for that!*[139] (4)

Ahora, si es ésta la justificación (plantear «la situación de opresión ideológica de la mujer en una sociedad machista, anacrónica»), está claro que el propósito de la misma es *didáctico*. Lo mismo que se puede hacer en un aula de escuela primaria o secundaria lo hace Pastor Vega mediante el uso de un medio privilegiado, más popular aún que la educación formal. Pero aunque esa es una razón noble y del todo atendible, no es suficiente para hacer de una película

---

[138] Los antropólogos no están de acuerdo con este descubrimiento, claro. La masculinidad del Sol y la feminidad de la Luna (de la tierra) no se deben sólo al lenguaje románico, sino que pertenece a culturas milenarias de muchas partes del mundo. Bastaría con recordar las representaciones védicas (es muy difícil confundir la *linga* con la vagina del Ma[dre]-Ganga o Ganges), las mesopotámicas, las africanas subsaharianas y, por supuesto, las del antiguo Egipto (obeliscos y pirámides son elementos fálicos y divinos al tiempo que emulan los rayos del sol que fecundan la tierra, igual que en Mesoamérica, etc. Todas muy anteriores, entiendo, a las *Romance languages*.

[139] Barret había anotado que "we can explore the historical construction of the categories of masculinity and femininity without being obligated to deny that, historically specific as they are, they nevertheless exist today in systematic and even predictable terms". A lo que de Laurentis contesta: "However, Barret's conceptual frame work does not permit an understanding of the ideology of gender in specifically feminist theoretical terms" (8), como si fuese obligatorio y necesario hacerlo en esos términos teóricos específicos que ella ha elegido para entender la realidad.

una obra de arte. Tenemos, entonces, que ni el tema ni el inferido "propósito" tienen nada que ver con el arte; pero el arte necesita de un tema y de un propósito. Cuando ambos son lugares comunes al menos sirven como excusa para la realización de la obra artística. *Retrato de Teresa* no carece de esta otra dimensión —la artística—, quizás la central entre todas las dimensiones de una película.

Ahora, a lo que vamos. El cine cubano, como en Gutiérrez Alea, hasta 1979 ya se había ocupado de «la situación de opresión ideológica de la mujer en una sociedad machista». Hasta entonces, esta preocupación había ido junto con otras de igual importancia: «la opresión de una clase trabajadora» (*El mégano*), «la concientización[140] del individuo a través de la historia» (*Lucía*), «la concientización del individuo de la trascendencia social de su ética revolucionaria» (*Manuela*), etc. La misma *Memorias del subdesarrollo* parece ser un punto de inflexión en la producción de Gutiérrez Alea. Si *La muerte de un Burócrata* era irónica, no dejaba de ser una crítica positivista sobre un "viejo orden" que sobrevivía en la Cuba revolucionaria. Pero un orden a destruir. En *Memorias del subdesarrollo* ya no está tan clara la dirección que tomará la sociedad cubana —la Revolución, la Utopía—; es más: su final es escéptico y hasta pesimista. El artista, como el protagonista, ha perdido la fe en el futuro de la utopía y también ha perdido la fe en el hombre

---

[140] «Concientización» entendido en el sentido que le dio Paulo Freire.

(nuevo). Ve más permanencias que cambios, sobre todo en la misma sociedad cubana.

Se podría decir que en todas estas película la problemática del género está siempre presente y que *no podemos quitarla sin alterar el resultado final de cada realización*. Sin embargo, esta preocupación no quitaba lugar a otros planteamientos concretos sobre la historia, la revolución y la sociedad utópica y la sociedad presente. La política, hasta *Memoria del subdesarrollo*, aunque sin caer (totalmente) en la propaganda o en la crítica radical, era un planteo explícito.

Veremos que en *Fresa y chocolate* todos estos elementos volverán a ser retomados por Gutiérrez Alea[141]. Incluso en su última película, *Guantanamra*. Pero en el medio algo ha pasado. ¿Qué ha pasado en *Retrato de Teresa* con las otras preocupaciones de Alea?

Entonces, ¿cuál es esa omisión significativa —ideológica? En *Retrato de Teresa* vemos una sociedad cubana "feliz", cantando y bailando en las calles. Una sociedad libre y creativa, dando espacios a la clase obrera para crear arte y para divertirse. Una sociedad obrera totalmente participativa en las asambleas, con un cuerpo tolerante que escucha a todos por igual —incluidos a las mujeres, representadas

---

[141] Entiendo que *Fresa y chocolate* es otra muy buena oportunidad para discutir el problema del género, por estar esta perspectiva "liberada" aquí de su componente sexual, es decir, macho-hembra como sinónimos "lógicos" de masculino-femenino.

por Teresa— y unos funcionarios moderadores que son un ejemplo, no sólo de democracia y de tolerancia por las opiniones ajenas, sino de verdadera preocupación por los problemas del otro. El tono militarista de sus voces, que se distinguen de otras "hablas" cuando no están en sus puestos de mando, más que marcar un probable estado de opresión política parecen indicarnos confianza y seguridad en su eficiencia y en su claridad ideológica a favor de la libertad y la democracia participativa. Todo lo cual no significa que debamos tomar «a priori» como una sobreactuación o como un estado irreal. Vamos a asumir que esas escenas son totalmente representativas —tan representativas como las de *PM*.

Pero hay algo que falta. En este mundo perfecto —humilde pero (o por eso mismo) perfecto— la única nota inarmónica es el Nombre de Teresa. Los compañeros de trabajo de Teresa —hombres y mujeres—, más allá de estar "dentro" de una ideología de géneros, son presentados como lúcidos y conscientes del problema de Teresa (al igual que en *Manuela*, los representantes del Estado representan la conciencia moral; en este caso como en el otro es una "conciencia feminista", evolucionada). En este sentido la *simplificación* se opone a la *problematización* de *Memorias del subdesarrollo*. Si aparece alguna referencia política, ideológica explícita, no es para exponer un cuestionamiento o para expresar la complejidad de una trama social, sino simplemente para "ilustrar", como una compañía de viajes pone una fotografía de una palmera en un afiche para promocionar una isla del Caribe. Recursos como la intercalación de noticias políticas en la radio o en la televisión se reducen a eso: a *recursos*, a la repetición de una técnica que en otras películas anteriores, como las de Gutiérrez Alea, formaban parte del *problema* central. La imitación del Hombre de un personaje melodramático de la televisión (la entrega de una flor a la mujer para reconquistarla) no consiste tanto en una reflexión sobre el rol del cine mismo, sobre la "modelación" del individuo a través de la cultura, sobre la interpelación sobre el género, sino en una crítica al individuo-hombre que no es capaz de comprender su situación en el ámbito doméstico y en el ámbito sociohistórico. Para los cubanos, las referencias directas al gobierno es simplemente el recuerdo subliminal de que el Estado y la Revolución participan de la crítica hacia el "machista" perdido en un estado ideal de armonía social, trasnochado de la historia que cambia y evoluciona. El drama de Teresa es presentado con una única y universal causa: el machismo de su marido. Extirpado esta causa, no habría conflicto en *Retrato de Teresa*, lo cual nos recuerda que falta algo.

De esta forma, a mi entender, se impone un significativo *silencio* sobre otros tipos de opresiones que se sintetizan en cada una de las opresiones particulares —de género, de clase, de raza, de pensamiento, etc. La realidad está —estratégicamente, podemos conjeturar, sin inferir en su autor alguna intencionalidad— simplificada en beneficio de un status quo. Reduciendo un drama social a algo que no soy yo la causa me confirmo. Este "silencio" existe y es significativo porque no es casual ni es necesario: Retrato de Teresa podría haber mantenido su enfoque en el problema social sin omitir las otras dimensiones del conflicto social, *aún si estas dimensiones fueran independientes y no afectaran la dimensión de género*. Al fin y al cabo, si quitásemos los bailes de rumba en las calles felices de La Habana o si quitásemos una decena de otros elementos que completan el marco o el contexto del texto fílmico tampoco afectarían el planteamiento central —de género—. Y sin embargo hubo tiempo y espacio para todo eso.

Si nos remitimos al concepto de Altusser de interpelación, aquí el interpelado central es el espectador: el orden social cubano del momento es feminista. No porque sea parte de la revolución, como se quiere imponer desde Manuela, sino porque la reformulación de géneros es preexistente y, en cierta forma, independiente de la revolución: se realizará con o sin ella. Pero la Revolución debe apoderarse de ella representándola como propia.

Teresa de Lauretis retoma eta idea de Altausser, pero los actores aquí son otros, casi opuestos:

This is, of course, the process described by Althusser with the word *interpelation*, the process whereby a social representation is accepted and absorbed by an individual as her (or his) own representation, and so becomes, for that individual, real, even though it is in fact imaginary (12).

La misma idea será retomada por Zaverzaeh, aplicada concretamente a la cultura capitalista occidental. En Retrato de Teresa, podríamos entender de forma directa que "a social representation" se refiere a la construcción de Teresa como mujer (sometida) por parte de una tradición machista, representada por su marido, "and absorbed by an individual as her [...] own representation" No obstante, podemos ver que esta "representación social" es, también, la "representación de la Revolución como motor de la liberación femenina" mientras que los individuos que absorben esta ideología no son los actores de la película sino sus espectadores. Consecuente con esta interpretación, podemos citar a la misma de Laurentis cuando cita a Foucault: la represión del sexo por las instituciones del estado (de la sociedad), lejos de reprimir la sexualidad en sí misma la producen. Usando una paradoja semejante, podemos decir que la crítica de Retrato de Teresa no critica un orden social sino que lo legitimiza: una Revolución en su etapa conservadora que echa mano de "reformas", no en su propio ceno sino en el objeto de su propio discurso: la sociedad cubana.

Lejanías

Jesús Díaz, 1985

El cine cubano no solo tiene el atractivo de su "imperfección"[142], como formulación teórica y realización práctica, sino también el raro atractivo de la austeridad y, sobre todo, el atractivo de su originalidad alternativa: aun cuando no alcanza sus mejores momentos, lo salva su particularidad como propuesta no-comercial, como voluntad humanizadora del arte como reflexión.

En varias de las últimas películas que hemos visto persiste la dialéctica de espacios interiores-exteriores en el cual los primeros representan el conflicto familiar y el otro el contexto simbólico de la identidad cubana: una Habana vista siempre desde una perspectiva de balcones y azoteas —*Lucía, Memorias del subdesarrollo, Retrato de Teresa*—. La ciudad es el objeto simbólico, de reflexión, de sus personajes. Es el espacio vivo que parece compartir el destino y las angustias de sus habitantes, tan lejos de las imágenes geométricas y abstractas de las panorámicas del cine

---

[142] Representada, según Chanan, por el tercio "verde" del ICAIC (pág. 430), ya que es muy difícil hablar de un «cine cubano» independiente; no al menos con los recursos necesarios para conformar una tradición importante.

norteamericano sobre sus ciudades. En las películas comerciales de Hollywood (norteamericanas, en general) cuando alguien sube a una azotea es para huir de alguien o para perseguirlo. La azotea norteamericana es el espacio marginal de la conciencia urbana donde normalmente se resuelven los conflictos con un arma en la mano o el héroe evita que alguien se arroje por el *vacío*. Si no es un lujoso Pent House, no son espacios vivibles. Y, lo que es peor, tampoco nadie quiere vivirlos ni siquiera los marginales. Los espacios marginales en esta estética americana son siempre las cloacas, nunca las alturas. *Lucía II* bien pudo haber usado este recurso, ya que su trama se desplegaba en un momento de conflicto armado, donde sus protagonistas eran agentes de acción del conflicto. Pero no. Aldo sube a la azotea con Lucía en un momento de clímax poético donde la "acción" es interior, no exterior. En estas escenas, las azoteas no son un espacio marginal con respecto a la ley, no son una excusa para la acción que divierte al espectador sedentario, sino el «espacio abierto y elevado» que opera de mirador múltiple. En ninguno de estos casos el *ascenso* a las azoteas ha sido el recurso de una acción vacía sino que ha dado su espacio físico al espacio simbólico de la narración y de los protagonistas. En todos los casos es una actitud existencialista de *observación*, de auto observación y, por ende, de *reflexión* como «individuos sociales».

Con respecto al espacio dominante en Lejanías —el espacio interior—, Chanan apunta que "Díaz uses the spatial texture of the apartment to reveal the distances that separates his characters on various different levels" (420).[143] El apartamento de la madre —ahora del hijo— es el punto de confluencia temporal y espacial de todo el drama y de todas las intertextualidades. En el viejo televisor una mujer canta el bolero "Veinte años atrás" (*"hoy represento al pasado y no me puedo conformar"*) y luego es seguida por el tango de Carlos Gardel, "Volver" —volver de un exilio a Buenos Aires, *"con la frente marchita"*—, que en algún momento debería haber dicho *"que veinte años no es nada"*. Esta intertextualidad es redundante, pero acentúa uno de los temas que provocan el conflicto familiar —e ideológico—: el regreso.

La madre que busca recuperar el amor de su hijo —como fin o como medio para reparar sus propios conflictos y sentimientos de culpa— dice, de forma tal vez demasiado explícita: "te voy a llenar de *cosas*". A lo que el hijo de la Revolución protesta: "Mamá, a mí no me hace falta anda". En otro momento, la actitud frívola y consumista de la madre preguntando por productos disponibles en el mercado, es contestada por su hijo de forma semejante: "Aquí tenemos problemas, pero nadie se queda sin trabajo, sin escuela, sin médico".[144] A su nuera le pregunta "qué es lo que más

---

[143] Lo cual, de no ser porque hemos visto ya varias películas cubanas (y porque no está hablada en inglés), este espacio podría predisponernos más a esperar una propuesta semejante a Alfred Hitchcock.
[144] Cuando Reinaldo y su prima suben a la azotea —lugar de reflexión sobre la ciudad y, por ende, de la sociedad—, lo que más llama la atención

deseas en la vida", a lo que Ana duda en responder[145]. Tiempo suficiente para que Susana confirme, una vez más, su tipo ideológico: "*tener* lo que no se tuvo: una casa, perfumes, ropas caras, viajar..."[146] El verbo *tener* es clave, por lo cual Ana lo retomará para una inversión de significado y, por consiguiente, operar una inversión ética: "*tener* a Rey", responde[147]. Esta misma idea se confirma como un nuevo *ad hoc* (en el sentido que no significa una continuidad necesaria en el diálogo) cuando Susana le pregunta a Aleida por qué regresaba cada vez con su hijo, pese al alcoholismo de éste.[148] La respuesta: porque quería a Rey. "Es tan lindo.

---

de ella en el perfil urbano es un edificio moderno que resulta ser un hospital, símbolo de la cuba castrista: la medicina avanzada y democrática.
[145] La misma pregunta la he escuchado en encuestas "callejeras" de la TV de Miami. Las respuestas son casi invariables: un auto, ropa, una casa, etc. Pero ésta no es sólo una característica de los cubanos de Miami. He escuchado estrictamente lo mismo de jóvenes americanos que, en lujosas iglesias, pretendían evangelizar a los latinos que no sabían inglés.
[146] La pregunta de la niña de Aleida sobre la cantidad de los regalos y por la razón de que serán devueltos, es un pretexto para enunciar una ley ética superior: "no los necesitamos para vivir". Claro que también este principio universal está siendo usado por el discurso de la Revolución.
[147] Seguramente los nombres de "Reinaldo" y su apodo "Rey" son simbólicos: Reinaldo es un cubano y todos son reyes en el sentido de que posee la dignidad que alguna vez estuvo monopolizada por la nobleza (mal que le pese a Ortega y Gasset). También podríamos encontrar una relación con Aldo (Lucía) y Aleida con Alea, considerando la gran intertextualidad del propio cine cubano que existe en esta película, pero quizás esto sería una sobre interpretación si no encontramos más indicios de estas conexiones simbólicas. Como Chanan ya anotó, hay una gran intertextualidad en referencia a otras películas de Alea (422).
[148] El alcohol es un elemento omnipresente en todos los conflictos psicológicos de los protagonistas varones en estas películas.

Para usted y para mí es el más lindo". (Lo que recuerda el dicho popular: "Para una madre no hay hijos feos") La conexión es obvia, y Susana la entiende sin demoras. Se defiende diciendo que ella no abandonó a su hijo. No obstante, sus excusas son débiles o, peor, injustificables: "no tenía alternativa". La voz del padre en el grabador no da mejores razones para el abandono; sólo apelan al sentimentalismo del que se muere y pide el perdón de su hijo. *"Yo no te abandoné* —dice el padre—; *lo que pasó fue...la vida"*. Era obvio que, tratándose de una grabación, el protagonista rebobinaría para hacer escuchar al público semejante frase que evidencia una falta de razones y una carencia de escrúpulos y sentimientos de solidaridad. Su voz está igualmente sobreactuada y resulta inverosímil, pero es más que probable que haya sido un resultado deliberado, es decir, significativo. Aleida toma la voz de los cubanos para responder a su suegra: "lo que usted hizo no lo entiende nadie, señora".

Por momentos la actuación es melodramática, especialmente en el caso de la prima Ana, recitando un poema de Lourdes Casal sobre Nueva York y el exilio con un ritmo de sobreactuación clásica. Sin embargo, esta es otra oportunidad para una nueva propuesta discursiva y problematizadora. Entiendo que no es casualidad que Nueva York sea comparada con Miami con clara desventaja para esta última. A Ana le choca la ciudad de los exiliados. Nueva York es el símbolo de Estados Unidos, pero también es el rostro más diverso y menos conservador de este país. Miami no sólo representa al exilio anticastrista; para el resto de los cubanos y para gran parte del mundo es el símbolo de las Susanas: lúmpenes y cipayos —para usar adjetivos de la clásica retórica del marxismo combatiente— que por dinero vendieron su dignidad, su familia y su patria. Son el público de Don Francisco que miden la felicidad y el éxito por los dólares que reciben en la rueda de la fortuna. La idea de dignidad es, sobre todo, el mayor bien que tienen Aleida y Reinaldo. El rechazo de los regalos por parte de ella es hecho con una frase absoluta: "aquí [en Cuba, en la Revolución] hay dignidad". Ana también lo declara: "Miami, donde vive tu madre, no la soporto". En Mimai no hay poesía, no hay arte ni nada que no sea un apetito cubano por las riquezas materiales. En cambio, Ana es presentada como una joven con sentimientos. Si a Reinaldo lo obligaron a quedarse, a ella la obligaron a irse. Son dos víctimas de la ambición de sus padres y, por lo tanto, puede soportar *lo americano* pero no *lo cubano-americanizado*.[149] Cuando Reinaldo se despida de su madre y de su prima, demostrará más afecto por esta última, confirmando la idea anterior.

---

[149] Desconozco si existen estudios al respecto, pero tal vez podríamos decir que Miami es la ciudad más querida por los cubanos del exilio y la más odiada por el resto de los inmigrantes latinos —por no mencionar a los latinos de América latina.

Pero Susana no sólo es la encarnación del egoísmo y el materialismo. Su "riqueza" es su pobreza. Susana confunde lo banal con lo importante, la ropa y las "cosas" con los sentimientos. Susana es la madre prostituta, la puta ideológica, el pasado: sus códigos y su escala de valores son los de aquella clase alta cubana, egoísta, superficial. Esto está representado en sus parámetros éticos: "¿Por qué te casaste con una divorciada", "Hubiese preferido que fuese señorita", etc.[150] Los mismos códigos del pasado corrupto que representa el tío Jacinto, el cubano que no se ha marchado al exilio pero que traiciona los ideales morales de la nueva Cuba, del hombre nuevo.

Esta historia puede ser considerada "excepcional" dentro del contexto político-social del momento. Sin embargo, ayer sábado 1 de octubre —¿existen las casualidades?— vi por la televisión norteamericana en español, *Univisión*, un informe sobre la inmigración de los guatemaltecos a Estados Unidos y las familias destruidas que este fenómeno dejaba en el país de origen. Uno de los muchachos que se había quedado en Guatemala había sido abandonado por una madre que había ido a buscar mejor fortuna en el norte. Las palabras del muchacho —rencorosas, indiferentes con los tardíos regresos anuales de su madre— coincidían exactamente con la trama de *Lejanías*. Las

---

[150] Este mismo pasado se evidencia cuando ella le comenta lo bien que consideraban los curas la inteligencia de su Aleida, demostrando que había confiado la enseñanza de su hijo a la iglesia católica.

justificaciones de la madre eran tan convincentes como la de Susana y su esposo moribundo. Pero en este caso, claro, no se hablaba del régimen cubano como la causa del problema. En este caso las explicaciones eran todas "personales", producto de un "fenómeno inmigratorio". *Y nada más.*

Havana

Jana Bokova, 1990.

Introducción

Con pretensiones de documental, *Havana* es una *narración* histórica y es un discurso político sobre la Cuba (post)revolucionaria. De forma paradójica, esta narración nos dice que la Revolución ha sido un proceso contrarrevolucionario, anti reformista, conservador e inmovilizante. Según ésta, lo que ha cambiado con la Revolución son los hombres y, sobre todo, el discurso. Permanece un «espíritu cubano» en las tradiciones vivas de los negros de las clases bajas y en las tradiciones muertas de los blancos de la pasada clase alta.

Los discursos, las narraciones de la realidad —políticas y literarias—, son el centro de esta película y el centro de su tesis implícita: la realidad depende de una narración, que puede ser construida por imágenes pero que, por sobre todo es una narración de palabras. La forma más explícita de la construcción de un discurso artístico que lleva una tesis implícita y una historia explícita está realizada con el método del mosaico. Ningún recurso es desechado para contar una misma historia. No obstante, la narración de *Havana* es una contra-narración de la Voz Principal del "texto" (ficción) llamado *Cuba*: Fidel Castro.

Havana no nos dice que *la historia es siempre una narración cuestionable*, sino que la narración de la Voz Principal del texto *Cuba* no es confiable: el espectador posee (gracias a Bokova) la perspectiva suficiente para apreciar las contradicciones del Narrador Principal y los «hechos narrados» (las imágenes que captura la cámara). Es decir, el espectador debe *confiar* en la nueva narración, en la narración contestataria de *Havana*.

En *Havana* la narración es constructora y protagonista del fenómeno artístico: está construida con dos elementos básicos: la palabra y las imágenes, los discursos políticos y las imágenes urbanas, los textos literarios y las pinturas de cuadros.[151]

En este sentido, no es casualidad que tengamos tres grupos importantes de narradores verbales: (1) Los escritores cubanos, (2) los cubanos sin nombres y (3) Fidel Castro, la voz, el narrador principal, el narrador omnipresente de la madre de todas las ficciones: Cuba.

La voz de Reinaldo Arenas denunciando "Cerrado, cerrado, todo está cerrado", mientras recorre la ciudad y luego encuentra su máquina de escribir y el mundo se abre, es una declaración filosófica, existencial sobre el escritor y su arte. Lo cual está en consecuencia con la ideología de la película: *la realidad es una construcción narrativa*. La palabra es la

---

[151] Tal vez no sea casualidad que el último film de Jana Bokova se base en el relato de otro escritor, paradigma de la ficción latinoamericana, "Diario de un cuento", de Julio Cortázar.

principal protagonista: protagonista para construir la película y protagonista para construir y destruir la Revolución. Arenas recuerda las últimas palabras de Lezama Lima: "En las palabras está la salvación" [*The parole Ends*]

Pero sabemos, por esta misma dinámica, que las palabras son la salvación y también la perdición, la denuncia y la evasión. *Havana* refleja un "período especial" pero no lo evidencia. En toda la narración fílmica el factor histórico y económico desaparece bajo los discursos. Todo es aludido e, incluso, ocultado. La lectura (hermenéutica, como toda lectura profunda) debe recurrir a un estudio metatextual para comprender que ninguna de las narraciones —representada por los tres grupos— es fiable.

El comienzo de *Havana* es deliberadamente un lugar común del cine cubano: las imágenes de los revolucionarios triunfantes. Por si fuese poco la película *Antes que anochezca* usará estas mismas imágenes históricas con el mismo narrador —Reinaldo Arenas— condicionándolas según su punto de vista marginal. No es casualidad: *Havana* buscará desde el inicio una narración contestataria a la del régimen castrista realizándola desde los márgenes de la sociedad cubana.

El contraste será la respuesta a la voluntad de «solución de continuidad» en la narración ideológica.[152] El contraste

---

[152] Frederic Jameson: "[...] the deepest, most contradictory, but also the most urgent level of Lyotard's book: that of a narrative which —like all

será uno de sus recursos principales. Como técnica cinematográfica es otro lugar común; como recurso no será menos efectivo que cualquier originalidad. Mientras las conocidas imágenes históricas del comienzo de la revolución muestran hechos políticos y sociales, trascendentes para Cuba como problema, la voz del narrador contrasta por su subjetividad, unas veces incrédula, nihilista, otras veces ajena a los acontecimientos: "me pongo a silbar...echo a correr por el camino real, te llamo a voz en cuello" Diferente a un verso político de Pablo Neruda, aquí tenemos una preocupación poética de corte pseudo romántico, neobarroco. Sólo momentos después volverá el narrador, el poeta, a referirse al hecho político con un "rechazo indiferente": "banderas, papeles, trapos, banderas, banderas..." Las imágenes de la revolución triunfante (colectividad, sociedad) contrastan con el narrador introvertido, provocadoramente subjetivista, desinteresado, casi indiferente. El discurso social, político contrasta con el monólogo interior del narrador. La credulidad del pueblo con el nihilismo del poeta.[153]

El contraste narrativo sugiere una ausencia, una desconexión entre el discurso y la acción, entre el vigor del discurso político y la pasividad ociosa de gente matando su

---

narrative— must generate the illusion of "any imaginary resolution of real contradictions" (Levi-Strauss) (xix).
[153] Esta imagen retratada por *Havana* no se corresponde con la realidad, si pensamos que Reinaldo Arenas se unió a la Revolución castrista en 1958 y colaboró con ella como funcionario de la Biblioteca Nacional José Martí.

tiempo en el Malecón, entre la narración principal y las imágenes, entre la voz del Gran narrador y la voz de los escritores. Habana también rescata las imágenes de una Habana que pudo coincidir con la agitación política del triunfo revolucionario: la Habana inmóvil, casi indiferente, surrealisticamente vacía, fantasmal.

Para completar su propósito de contrastar narraciones plásticas y narraciones discursivas, la película dirigirá —literalmente— su cámara del centro histórico a un "conventillo" en ruinas pero aún habitado. En este movimiento también hay un desplazamiento cronológico de veinticinco años. De forma que la narración, por boca de sus protagonistas, nos ubica en el corazón del tiempo histórico de la Revolución, de su propia obra.

La técnica usada es otro lugar común: alguien detrás de cámaras hace las preguntas y un improvisado habitante del conventillo responde. Las preguntas son las propias de un encuestador: «¿Qué profesión tiene?» «¿Tiene familiares en Estados Unidos?» «¿Vives aquí?, ¿Dónde?»

Respuestas: «Vivo aquí desde 1975. Vine de servicio, hace diez años».

Suficiente. Era lo que queríamos saber.

¿El argumento de este capítulo?: el derrumbe del conventillo. ¿El tema?: la pasividad, la desesperanza, las contradicciones. El *contraste*.

—Estamos *stand by* —dice uno de los personajes— si la casa se cae, se cae.

¿Luego? ¿Qué pasa si ocurre?

—El gobierno nos resuelve.

La narración de los personajes es conducida por el entrevistador una y otra vez al tema del *derrumbe*, de la *pasividad*, de la *espera*: se espera que el gobierno solucione la habitación; se espera que el gobierno caiga, etc. Se espera.

Luego la pregunta inevitable, tan demagógica como la Voz que se pretende denunciar: «¿le gustaría seguir viviendo aquí?»

Y las respuestas contradictorias, cargadas de discursos prefabricados:

1: «Qué va, estoy aquí no sé por qué»

2: «[Aquí soy] feliz, feliz, feliz»

Los seres humanos somos contradictorios en lo que tenemos de diversos; nuestras expectativas difieren, a veces de forma radical en una misma familia. Lo cual no debería sorprendernos las contradicciones intersubjetivas. No obstante, en las narraciones de los entrevistados nunca podemos obviar *la condicionante que genera el discurso*, dependiendo si se está a favor del régimen o en contra. Cuba es una construcción narrativa con un fuerte tono político, hacia dentro y desde afuera. La fractura narrativa está separada por un abismo insondable y sin resolución histórica. Por lo tanto, ninguna de sus contradicciones es tan dramática como las contradicciones discursivas, como sus antinomias narrativa.

Después que la entrevistadora insista en su necesidad de saber si aquellos pobres cubanos tenían familiares en el extranjero, una voz se superpone a las imágenes para denunciar la mentira de la narración de la Gran Voz: «todo eso de caídos en batalla es mentira. Murieron en cuartel. Inventaron lo del combate» otra vez, la narración se superpone a alguien recostado a una puerta o en una columna.

El conventillo es la Cuba de *Havana* y los entrevistados son los personajes, formados y deformados por la Revolución.[154] Según el resto de la narración de la película, la pasividad será presentada como (1) el resultado ambiguo de una característica cubana, como uno de sus rasgos culturales, al tiempo que (2) como la consecuencia de veinticinco años de Revolución, de paternalismo estatal del régimen.

—Los vecinos son muy buenos. Ella estaba durmiendo y se le cayó el cuarto encima.

No sólo la casa (Cuba) está en ruinas, derrumbándose. También el lenguaje es uno de sus reflejos, de esta metáfora de la sociedad cubana en decadencia: su articulación es dificultosa, ruinosa en su gramática —sino también en su entonación. No por casualidad la mayoría de los entrevistados son ancianos; en su mayoría ancianos mayores de ochenta años. El español de ochenta años que hacía 68 estaba en Cuba, agradecido por todo lo que Cuba le había dado.

Pero como esta es una película neobarroca, el contraste y la contestación serán recursos repetidos. Otro de estos contrastes es el socio-racial. Si el conventillo es la ciudad

---

[154] El conventillo resume gran parte de la historia de Cuba. Es su metáfora, su testigo; fue la residencia de un conde, luego fue convento, el edificio de la gaceta oficial y después propiedad del Estado.

ruinosa de los negros, las mansiones aún conservan el *glamour* de los años '50. Fueron y continúan siendo recintos de blancos. De blancos tan improductivos como, aparentemente, lo son los negros de los conventillos que muestra *Havana*, quienes no son capaces de reaccionar ante el derrumbe de su propia casa. Blancos de clase alta y negros de clase baja: ambos son presentados como improductivos y pasivos ante su propia realidad. En *Havana* no hay proletarios. [155]

Aparte del contraste socioracial podemos observar otros, bajo la técnica de la *superposición*, en la misma narración: Las bailarinas vestidas de amarillo ([156]) parecen personajes surrealistas en medio de las chabolas. Van y vienen contrastando con las ruinas y con el discurso de el Gran Narrador hasta que recién se justifican cuando se produce el desfile de carnaval. El carnaval, además de ser un elemento fuertemente barroco (tan barroco como la decadencia del conventillo) es una negación de los otros discursos que convive sin conflicto político.

Intercalado, se nos presenta la entrevista a la anciana de 82 años. A pesar de que había dicho que hacía 42 que vivía

---

[155] Los personajes (entrevistados) que hablan inglés representan a una Clase alto burguesa caída en desgracia. «When I moved to this home...» Uno de los personajes hace referencia a que antes la casa era exclusiva para gente blanca. "Cambió mucho, la gente blanca se fue" Sus habitantes eran empleados de la Compañía de Oriente. La anciana murmura una canción de Navidad propia de Estados Unidos.

[156] Es probable que el color amarillo fuese una elección de Bokova o un simple defecto del video, ya que la calidad de éste no era el mejor.

allí, en esa casa humilde, la entrevistadora pregunta: «*¿Vivía aquí antes de la revolución?*», lo que demuestra que no es la información lo que se busca sino que el personaje complete su retrato: las cosas no han cambiado. La realidad no ha cambiado. Sin embargo, el discurso es otro. La narración es otra: la anciana cambia de tono. A pesar de su edad, su voz adquiere el entusiasmo y la energía de la Gran Voz:

«La vida es diez veces mejor. Ahora todos comemos lo mismo, parejo. Yo vivo contenta con la revolución. —con voz afectada—: Mi familia eran todos revolucionarios... Teníamos la confianza de que íbamos a ganar. Dios en el cielo y Fidel en la tierra. Patria o muerte. *Y digan a todos de lo que estamos disfrutando*».

La narración de felicidad, indiferente a cualquier realidad adversa, es discursiva. No es diferente a la narración de los exiliados que se exigen una narración *exitista* en Estados Unidos. Como lo es el caso de Guillermón en *Balseros*.

El contraste discursivo aparece con el hijo. En voz casi inaudible pregunta: «¿Para qué dice eso?» También su rostro en silencio revela una disconformidad reprimida. Los gestos de la anciana reflejan viejas discusiones con el joven: «Es la verdad —dice ella— ¿Estoy diciendo mentira?»

1989: la Gran Voz se expresa en toda su fuerza simbólica: como si fuese reproducida y expandida por parlantes urbanos, se superpone a cualquier imagen. La cámara no puede huir de ella. Los habitantes tampoco. Pero la cámara no es inocente. Mientras sus oídos aceptan la Narración de la Revolución sus ojos, deliberadamente, se fijan en las contradicciones. Eligen, seleccionan, contrastan. Mientras La Voz habla de «el desarrollo socialista, caminos, anillos, uno, dos, tres, cuatro, cinco, seis...» el barroquismo de la composición fílmica va haciendo su trabajo: bailarinas indiferentes, la pobreza de las casas, del subdesarrollo regresivo. «Quisiera saber —dice el Narrador principal— si en Estados Unidos, si en Europa, en Holanda hay una organización de esta magnitud.» Y más adelante un lapsus significativo: «*Este pueblo, este país, sabrán ser consecuencia... consecuentes con su historia*».[157]

Parte de la narración es construir la realidad a partir de omisiones: no se conoce cómo es en otros lugares. Para un extranjero —y para los espectadores de la película— es una broma; para la anciana de 82 años es una realidad.

Otro contraste: mientras la Voz de la isla elogia la «conciencia política» de su pueblo, dispuesta a «morir antes que retroceder», dos bailarinas se pasean con sus vestidos de carnaval. Estas imágenes representan un contraste, por un lado y, por el otro, son la encarnación clásica de la idea de irracionalidad, de simulación, de espectáculo y de parodia.

El carnaval es barroco por excelencia. En el momento que vemos este desfile propio del pueblo escuchamos la narración barroca de Lezama Lima: la adjetivación excesiva,

---

[157] Consecuencia indica pasividad, como el efecto de una causa externa (la historia); consecuentes, por el contrario, indica una consciencia perseverante, libre. Según el psicoanálisis, no debemos dar crédito a la corrección del discurso y sí a la declaración espontánea.

el ornamento. Si el barroco es contestatario desde sus orígenes, la narración del poeta también lo es: «una casa sin nadie» (They cross[ed] the line).

Parte de ese mismo barroquismo es integrar hasta los fragmentos más opuestos, en una voluntad de «atonalidad». La presencia de los cantos y bailes afrocubanos son por sí mismo un fragmento que se opone a los poemas de la antigua alto burguesía. Pero además declaran por sí mismo la ideología (o lectura de la realidad) barroca, del afro cubanismo de Nicolás Guillén:

«*Yoruba soy [...] soy mandinga*»[158]
Tradición esclavista:
Unos mandando
Otros mandados
[pero en tiempos de fiesta, de ritos, de carnaval:]
todos mezclados
[mestizaje (mulataje) y sincretismo]
San Benito, Santa María...[159]

---

[158] En el Cono Sur "Mandinga" significa "diablo", y entiendo que es una interpretación de gaucho cristiano del panteón africano. Semejante es el término «Shetani» en África del este, lo cual la tradición de la bíblica la entiende como "demonio" pero que entre los suajilis sólo es parte de uno de sus dioses en el panteón politeísta. Actualmente estos *shetanis* se pueden ver representados en tallados de «pau preto» en Mozambique, por ejemplo.

[159] Estamos juntos desde muy lejos,/ jóvenes, viejos,/ negros y blancos, todo mezclado; / uno mandando y otro mandado,/ todo mezclado; /San Berenito y otro mandado,/ todo mezclado;/ negros y blancos desde muy lejos,
todo mezclado; /Santa María y uno mandado, /todo mezclado; /todo

Pero *Havana* no es sólo el discurso contestatario a la Voz Principal. También presenta una tradición de una forma poco inocente. La tradición cubana —según el discurso de la película— es hedonista. Uno de los entrevistados se ufana de su imprevisión: «cuanto tengo yo me lo gasto»

Mientras la canción confirma: «yo me divierto / y no me importa el qué dirán»

O la aversión por el trabajo, la filosofía de la cigarra: «No quiero machete / porque soy antimachete». Quien lo canta es otro anciano, otro octogenario negro: 87 años.

Havana se detiene un tiempo desproporcionado en los cantores: el mosaico captura una pieza de gran tamaño que representa al pasado (los tiempos de Machado) y a la tradición (musical) afrocubana. Luego otro gran trozo de características semejantes: el diálogo corporal del baile de los negros, característico no sólo de la Habana sino de algunos rincones de la Sudamérica atlántica.

—¿Cuáles son tus planes? —pregunta al periodista.

—Ninguno. *Vivo el presente* —responde la muchacha, con insistencia, como si fuese consciente de su propia filosofía de vida. Lo cual se corresponde con una tradición pero se contradice con la Revolución.

---

mezclado, Santa María, /San Berenito, todo mezclado, /todo mezclado, San Berenito, /San Berenito, Santa María,/ Santa María, San Berenito /todo mezclado!

Plástica, simbología: Las columnas son inevitables. En el casco urbano de La Habana predominan estos elementos arquitectónicos, parte de una arquitectura neobarroca y colonial, con pilares dóricos y arcos de medio punto. No obstante las columnas son las principales protagonistas. Solas o acumuladas en una perspectiva central, donde los cubanos pegan sus esbeltas figuras. Más allá de su connotación fálica —como podría ser de forma explícita la *linga* hindú— aquí permanece la fuerza plástica del poder. El padre, la Gran Voz es omnipresente. La solidez vertical también. No es la esbeltez del gótico sino el *horror vacui* del barroco. Pese a la pobreza, el adjetivo lo llena todo. Los cubanos no pueden hablar sin recostarse a esta solidez.

La narración de Alejo Carpentier ("Viaje a la semilla") es una alusión no sólo al carácter de lo mágico cubano, a lo onírico, sino también a la idea de "regresión" cronológica que se alude en la ciudad.

Observaciones prescindibles

El poeta Pablo Hernández Fernández —símbolo de la antigua clase alta. Su poesía es un juego verbal y forma parte del divorcio del individuo y la sociedad:
«el complicado mundo simplificó mi vida
La gente simple complicó mi mundo»
Luego, otros rasgos que pertenecen a la burguesía pasada:
«I love the paintings. I have a collection of coffee cups»

Mercedes Linz (Dulce María) "Escribí versos cuando joven; cuando viejo ya no corresponde". Esta fórmula es propia de los afrancesados para los cuales el paradigma de poeta no es Neruda sino Arthur Rumbad. Lo que se confirma con su definición de siglo XIX (como la casa, como su realidad) del arte: "Los abanicos son las cosas más bellas y más inútiles. Las cosas bellas suelen ser inútiles".([160]) Y su definición ideológica: «En mi casa siempre hubo pasión por la libertad», como si hubiese alguien que a mediados del siglo XX no dijese lo mismo. La cursilería y el anacronismo de esta «dama» se evidencia en su propio lenguaje: «Mejor no hablar de La Habana. *Excúseme*».

Úrsula Maceara Benítez: «Yo conocía la riqueza en todas sus etapas»

Otro: «I'm Catholic; my son is communist»

La intertextualidad insiste con superponer la historia antillana (la literatura) con la imágenes del presente: «el hacendado salió del grupo [y] tranquilamente fusilo a los que protestaban» Y, enseguida, la clave de su propia lectura: «la historia puede ser verdadera o falsa, pero los tiempos la hicieron creíble»

Quizás el personaje que demuestra mayor conciencia social e histórica sea el pintor hijo de Ponce de León, lo que

---

[160] Paradójicamente, el arte industrialista (el *Arts and Crafts,* de William Morris) surge para responder a esta ideología y un abanico era, precisamente, uno de los elementos "útiles" donde se expresaba en nuevo arte de finales del siglo XIX

no se corresponde con esta idea de "aprendiz" o de "ejercicio ilegal de la profesión" que sugiere el sistema. Pero como la Narrativa Oficial es monolítica pero no desprecia ningún argumento, lo metieron preso por llevar «una vida poco usual». Respondiendo a la narrativa de la Gran Voz, para la cual todos los problemas se originan en el exterior, el pintor dice «hay que luchar por nuestros propios problemas, aquí adentro». En contraste, el discurso alucinado del "mambí" contra la invasión estadounidense.

Otro pintor: preso en 1973, «no sé por qué». A pesar de que se demuestra que no había cargos en su contra, lo dejan preso «seis meses, para que pensara»

Voz en off. "Por más de veinte años un Duque de Alba..." en la cama. "tecnocracia y desconfianza". Ya no sufrimos nada. Nos permiten tomar pastillas y calmarnos"

Marginalidad múltiple de Arenas (Cuba-Estados Unidos): «Yo, desde el punto de vista legal no existo. Soy disidente, no soy religioso, soy homosexual y anticastista».

Havana es un mosaico, pero su narración se fractura cuando se detiene tanto tiempo en Reinaldo Arenas: eso es material para otro documental, como de hecho ocurre años más tarde.

Canción recurrente (*Lejanías*):
«Hoy represento al pasado / no me puedo conformar»

Escritores mencionados
Lezama Lima
Virgilio Piñeda
Alejo Carpentier
Nicolás Guillén
Reinaldo Arenas
Cabrera Infante.

Balseros

Carles Bosch y Josep Maria Domènech, 200

Cuando el contexto es Cuba el texto está debajo de un lente político que nos reclama una definición del mismo género. Esta exigencia implícita es producto de una deformación que ha producido la historia maniqueísta de los últimos cincuenta años. Consecuentemente, las producciones cinematográficas han respondido a esta simplificación política tomando posición según los únicos lugares disponibles: de este lado o del otro. Cuando miramos una película cubana generalmente no podemos abstraernos de esta exigencia. Desde el comienzo nos interrogamos sobre la posición de su productor: ¿Desde qué punto de vista ideológico está narrando la película? Sabemos que este punto de vista será (1) a favor del régimen comunista, (2) en contra del régimen comunista o (3) de forma relativa, a favor y en contra de ambos. Esto, que parece una tautología, no lo es: en cualquier caso, el *factor político* permanece omnipresente y exige un juicio.

Entiendo que *Balseros* tiene un raro mérito: ¿cómo hacer una película sobre Cuba, sobre la problemática social y política de Cuba sin tomar partido? Pero aún más: ¿cómo hacer una película sobre el problema político de Cuba sin que el elemento político se transforme en el tema de fondo? Balseros parece haberlo logrado poniendo el drama humano en el centro, de tal forma que nos impida definir la posición política de sus realizadores. Si al comienzo los espectadores anticastristas se congratularon de las imágenes de la miseria comunista que justificaba la aventura del balsero y el aparente "sueño americano" realizado en la segunda mitad del film, todo eso entra rápidamente en cuestión y un fantasma inefable cruza muchas de las historias: el esfuerzo los ha llevado de la *miseria comunista* a la *miseria consumista*. El drama de la complejidad humana comienza a desplazar al drama político. Los exiliados no son representados tanto como gente obligada a abandonar el país por la fuerza sino gente que lo abandona para realizar sueños materiales que en ocasiones logran (con modestia) y en otras ocasiones no. Luego de varios años de penurias en Estados Unidos el «sueño americano» no se destruye, ya que nunca fue una simple esperanza sino un mito. Y los mitos no se destruyen con una realidad personal. Sin embargo, se advierte la paradoja del nuevo sistema: para darle a la familia de Cuba todo lo que quieren (o necesitan) es necesario antes olvidarse de ellos. Como dice uno de los personajes consejeros, para ayudar a los demás antes tienes que estar bien tú. Pero ese "estar bien" nunca llega y la lucha por la sobrevivencia se transforma en un olvido del propósito declarado originalmente.[161] Por otra parte, la

---

[161] Un cubano veterano aconseja e instruye al recién llegado en el arte de la sobrevivencia capitalista: "tú tienes que resolver tus problemas y no tienes tiempo para ocuparte de los demás. Y como tú siempre tienes

libertad tiene un precio; casi siempre pasa por los clérigos del capitalismo: los abogados, los cuales no son accesibles a los balseros y a los trabajadores de servicios insuficientemente remunerados.

La carencia de libertad de expresión aparece mencionada como un problema, pero en ningún momento se dramatiza como se hace con la pobreza.[162] Por el contrario, las fiestas públicas de la construcción de las balsas parecerían indicar un folklore promovido por algún ministerio de turismo. Lo cual en parte es lógico. La película está destinada a un público consumista para el cual la «libertad de expresión» no es central; lo central es el «poder adquisitivo». Ninguno de los balseros es un intelectual, alguno de esos escritores que andan escondiéndose en la isla, algún idealista rebelde o algún artista que ha sido liberado por alguna circunstancia. Los balseros de Balseros no son refugiados de conciencia sino refugiados capitalistas: todos quieren

---

problemas..." "Working, working, day and night", lo que podrías es la letra de una canción es el slogan promovido para las clases servidoras, aquellas que sólo pueden aspirar a "trabajador ejemplar de la semana", con su pequeña foto de los honores pegada en una pared de fast food. O lo que es igual: "la compañía prospera, nosotros prosperamos y todos felices" Aplausos.

[162] Es significativo el hecho de que una misma película, rodeada de connotaciones políticas, sea expuesta y premiada por Dios y por el Diablo: *Balseros* participó en el 24º *Festival Internacional del Nuevo Cine Latinoamericano,* La Habana, en el 2002, siendo premiada como le mejor "documental extranjero". También en Miami, en el año siguiente, participa en *el International Film Festival,* y recibe el Audience Award

"progresar", tener "una casa, un carro y una mujer" o "darle a la niña lo que me pida". La frase pintada en un bote «en Dios confiamos» representa la promesa de prosperidad material de Estados Unidos; no a Dios, porque en cubano se lo llama de cualquier otra forma. También la letra de la rumba que lo acompaña: «que sea lo que Dios quiera» no refiere a Dios sino a la suerte, a la fortuna (americana) que estas personas-personajes tratarán de realizad en Miami, en el Bronx, Nueva York, en Grand Isle, Nebraska y en Albuquerque, Nuevo México. Kaminski cita a Coper: "If it's about ambition, we were all born in the wrong country".

Balseros pertenece al género documental; es testimonial y es "reality show". Es decir, es la síntesis de una tradición y una novedad de la televisión de los años noventa. La voz en *off* narrando la historia que es expuesta en imágenes es una constante en otras películas cubanas. A veces esa voz es personal; otras veces es una forma de voz de la conciencia, un monólogo interior. Como en las películas anteriores, la intertextualidad de otros medios de comunicación (especialmente la televisión) contextualizar el texto y completan su narración. En *Memorias del subdesarrollo* aparecían Fidel Castro y Kennedy; en *Balseros* aparece Fidel Castro y Bill Clinton. En todas las demás aparece Fidel Castro. Otro elemento que subraya el estilo testimonial es la elección de cinco personas que narran su aventura en las balsas (Rafael Cano, Oscar del Valle, Mérycis, Míriam...) de tal forma que al comienzo nos hacen dudar si son actores profesionales o personas comunes que recrean sus propias vidas. Otro son las entrevistas, como el de aquellos a quienes les son denegadas las visas por parte de Estados Unidos,[163] lo cual tiene una lectura real y directa: los balseros son producto de una política administrativa de ambos lados. Todo eso apoyado por la insistencia de fechas concretas, con día y hora marcadas en la pantalla como se marcan los hechos de una investigación sobre esa ficción colectiva que todos llamamos *realidad*. Todo lo cual está confirmado por el uso de rostros conocidos en la televisión hispana en Estados Unidos, de programas "reales" y de abogados que realmente son abogados.

Para terminar, una observación teórica: Kaminski expone una idea que Amarill Chanady ya había analizado en *Latin American Identity and Constructions of Difference*:

Because of the «impossible unity of the nations as a symbolic force», any constructions of coherent view of the nation, or sustained strategy of nation building, necessarily leads to homogenization. As Renan writes, «unity is always affected by means of brutality» What that means is not only that the nonhegemonic sectors of society are «obligated to forget», and concomitantly obligated to adopt dominant cultural paradigms in several spheres, but that "forgetting" is the result of marginalization and silencing, if not annihilation (xix).

---

[163] Uno de los entrevistados dice, a la puerta de la embajada norteamericana y después de serle denegada la posibilidad de entrar legalmente en este país: "La opción que me queda es timarme al mar".

No obstante, no encuentro sólido el argumento de que la noción de nación está dada por el exilio, la diáspora. La recurrencia a ejemplos de Benedetti, de Peri Rossi, etc., son valiosos para describir *una* forma de definición de nacionalidad, de pertenencia, de subjetividad "nacionalista", etc. Pero no son suficientes para una conceptualización más general de los términos centrales que intenta definir (patria, matria, identidad, historia, mitos nacionales, etc.) Sí podría argumentar a favor de que la definición de *nación* (como la definición de *identidad* y de *persona*) está en estrecha relación con la definición y exclusión del "otro". Eso cualquiera lo puede intuir sin haber leído nunca a J. Derrida. En este sentido, sí, el exilio juega un papel fundamental —pero no determinante.

1. Introducción

La cuestión sobre la naturaleza de género de *Balseros* nos deriva a la cuestión de la *naturaleza narrativa* de la realidad cubana. ¿Es *Balseros* una documental o una ficción? De una forma o de otra, los cubanos saben que son protagonistas de un (dramático) espectáculo internacional que pocas veces se centra en el problema de los Derechos Humanos —como veremos más adelante—, manipulado desde ambas márgenes por sus propósitos propagandísticos. La publicidad es una narración fragmentada, repetitiva, con pocas ideas, con la voluntad, como el mito, de simplificar una realidad y acomodarla a una respuesta simple y conveniente.

Para Jean-Françoise Lyotard, "the narrative's reference may seem to belong to the past, but in reality, it is always contemporaneous with the act of recitation". (22) Sin duda, esta observación va unida a la necesidad de *legitimación* —y de auto legitimación— de cada narración, ya sea de la macro política o de las representaciones personales y domésticas de los "peones del ajedrez", al decir de uno de los personajes de *Balseros*, Guillermo.[164]

Si contestamos que *Balseros* es una documental porque trata de hechos que realmente ocurrieron nos equivocamos: "lo representativo" nunca es la realidad, sino la idea de "muestra" que tiene quien lo hace. Si pensamos que *Balseros* es una documental porque los protagonistas no "representan" sino que "viven" sus propias vidas, también nos equivocamos doblemente: Uno, porque la sola presencia de una cámara significa, de forma inevitable, un elemento distorsionante de las subjetividades de quienes "actúan sus propias vidas"; Dos, porque los protagonistas son personajes, seres tan reales como ficticios que actúan una idea, una historia, una narración. Si la "realidad" no se acomoda a esa

---

[164] La referencia al ajedrez es retomada por Calos Bosch, en una entrevista dada por la BBC, el 24 de febrero de 2004: "Entonces, en el 94, Fidel Castro desafió a Estados Unidos a que recibiera a 30.000. Esa partida de ajedrez entre (el expresidente estadounidense) Bill Clinton y Castro es el trasfondo de la crisis de los balseros". Quizás deberíamos cuestionar esta idea subalterna de "trasfondo".

narración, peor para ella. "I have said that narrative knowledge does not give priority to the questions of its own legitimation and that it certifies itself on the pragmatics of its own transmission without having recourse to argumentation and proof."[165] (Lyotard, 27)

El presente ensayo pretende aproximarse a la película *Balseros* (Cuba-España 2002) desde la perspectiva teórica de Jean-Françoise Lyotard. Si tuviese que resumir la lectura de esta película en una breve cita de este pensador francés, probablemente elegiría la siguiente: "Even more modern was his suggestion [that of Aristotle] that scientific knowledge, including its pretension to express the being of referent, is composed only of fragments and proofs—in other words, of dialectics". (29) La precisión que haremos aquí será cambiar el término «modern» (ya que se encuentra escrito con minúscula y no refiere a la Modernidad) por «Postmodern», en su referencia al capitalismo tardío.

Otro esfuerzo que haremos, aunque sólo como bosquejo, será el de identificar la misma estrategia *narrativa* de ambos discursos antagónicos. En palabras de Mas'ud Zavarzaeh, "ideology critique violate the principle of uniqueness" (3); para sus detractores, este tipo de lectura (materialista, estructuralista, marxista) es "reduccionista". Sin embargo, "the actual reason for these attacks [...] is that

---

[165] "Narratives are fables, myths, legends, fit only for women and children" (27)

ideology critique displaces the individual by pointing out the global structures that in fact construct his seemingly 'natural' uniqueness and freedom." (4)

Otra idea de Zavarzaeh que se relaciona con Lyotard —aunque ideológicamene opuestos— es su concepción de *tale*: "in producing the tale, the spectator learns the ideological syntax of his culture (its class relations) and demonstrates his ability to provide coherent tales—as maps for dealing with the real—and thus proves he is a symbolically competent and ideologically reliable person." (11)[166]

Una síntesis de ambos pensamientos, en principio incompatibles, podemos lograrla al considerar *Balseros* como perteneciente a un género intermedio entre ficción y documental y, al mismo tiempo, al considerar a sus actores *espectadores* (Lyotard) y a sus espectadores *actores* (Zavarzaeh). Esta idea se encuentra sugerida, aunque no formulada, en la película *Memorias del subdesarrollo* (Cuba, 1968). Es decir, al destruir definitivamente los límites entre la obra (la película) y la realidad (su referente), comprendemos finalmente la relación dialéctica entre el lector y el escritor y entre ambos y la lucha ideológica entre una cultura dominante y otra resistente (o subalterna).[167] De esta forma

---

[166] "The tale in the film is not in the text itself (is not a positive entity): it is not determined. Therefore, is not accessible through an analysis of formal properties." (18)

[167] En otro espacio deberíamos distinguir entre "ideología dominante" y "cultura hegemónica" (Gramsci). Por otro lado, el mismo Zavarzaeh

tendremos un *lector-narrador*, tanto en los espectadores (lectores) como en los protagonistas (personajes-escritores).

Zavarzaeh lo formuló de esta forma: "Films (and other works of art) are *related* to reality, but this relation is not one of reflection, reporting, or even interpretation. Rather, films are related to reality because their actually participate in the cultural act of producing the real." (95)

Por supuesto que esta pretensión expositiva es mucho más ambiciosa que el resultado materializado en este breve y urgente trabajo. Pero podemos verlo como un bosquejo, una aproximación para una futura problematización.

2. Los personajes

Varias decenas de miles de cubanos se arrojaron al mar en 1994. Treinta mil de ellos fueron alojados en Panamá, por las fuerzas norteamericanas. Otros veintiocho mil en Guantánamo. Mericys González, Oscar del Valle, Rafael Cano, Miriam Hernández, Guillermo Armas, los protagonistas de *Balseros*, son algunos de aquellas decenas de miles desparramados luego por Miami, el Bronx, (Nueva York)

---

parece dejar abierta esa puerta que produce una "lucha de ideologías": "One way to allow other tales to surface is to use the device of *renarrating* to displace the overt tale." (25) El subrayado es nuestro. La *renarración* (o reescritura) es un arma política y no simplemente un ejercicio hermenéutico. "Renarrating as a reading strategy, then, is a political act that calls attention on the construction of the real and furthermore opens up a space for contesting the existing." (91)

Grand Isle (Nebraska) y Albuquerque (Nuevo México). En el libro homónimo, *Balseros* (1997), Felicia Guerra y Tamara Álvarez-Detrell habían usado la misma técnica, aunque llevada al papel: una conjunto limitado de testigos, balseros de 1994 en Alburquerque, Nuevo México, y Miami, Florida. El resultado de este "documento" es una historia muy diferente a la propuesta por la película de 2002.[168]

Joseph María Doménech, junto con otros periodistas catalanes, cubrió personalmente (parte de) los acontecimientos de 1994, lo cual le dejó un volumen importante de grabaciones que luego usarían en *Balseros*. Es importante notar que de esta selección de historias, difícil de considerarlas *representativas* sólo por la desproporción de los números, los realizadores decidieron dejar otra historia afuera de la película: se trataba de un anciano ciego de noventa años con una esposa de veinte.[169] La razón argumentada por Doménech fue la extrema particularidad de este caso. Es decir, Doménech buscó la *verosimilitud* para que sea entendida

---

[168] El libro *Balseros*, a pesar (o por eso mismo) de haber sido escrito por dos PhDs de Estados Unidos, no sólo carece de arte sino, además, carece de cualquier rigor. La excusa de "proteger la identidad" de los entrevistados lleva a omitir sus apellidos. Como ni siquiera podemos verle los rostros ni podemos oír el tono de las voces, sólo podemos considerarlo como "testimonio" o "documento", tal como son presentados, por un grandísimo acto de fe —de fe republicana. Sólo podría explicarse una publicación de este tipo por un apetecible *mercado ideológico*.

[169] Diario *Ámbito financiero*, Buenos Aires, 9 de Setiembre de 2004.

como una verdad representativa de una realidad mucho más compleja.

No obstante, la propuesta artística es válida e inevitable: no se pueden narrar en dos horas las historias de mil o diez mil personas buscando una mayor "representatividad". Lo que nos recuerda que estamos ante una obra artística; no ante una realidad estadística, más propia de *National Geographic* o de *Discovery Chanel*. Es decir, *Balseros* propone el rescate de un aspecto sensible de una realidad insondable, aún por los números. Lo cual no lo hace ni menos ni más real, sino portadora de una misma realidad, expuesta desde otro punto de vista, desde el punto de vista artístico —humano— con todo lo cuestionable que tendrá, necesariamente, una propuesta de este tipo.

3. La narración de la película

Al comienzo, *Balseros* retoma uno de los componentes ineludibles de la tradición del cine cubano de la Revolución: la narración "en off", mezcla de reflexión política y cuestionamiento existencial: «*Verano de 1994... luego de la caída de la URSS la economía de Cuba se resiente. Escasez*». A continuación otro elemento recurrente de la misma tradición: las imágenes documentales, sacadas de algún archivo de televisión: el robo de «la lancha de regla», seguida de la violenta protesta de la gente por la detención de la lancha. «A partir de ahí sucedieron muchas cosas», dice el narrador, sugiriendo que éste fue el detonante del fenómeno de los balseros del '94. Estos dos elementos, el monólogo del narrador ausente y las imágenes documentales, podemos verlas casi en un mismo orden en películas como *Lucía* (1962) *Muerte de un burócrata* (1966), *Memorias del subdesarrollo* (1968), *Lejanía* (1985), *Havana* (1990), *Antes que anochezca* (2000). Algunas de estas, como *Antes que anochezca* no fueron producidas en Cuba o *Balseros* su director y guionista no eran cubanos; no obstante, pareciera que la temática hubiese recordado las características del cine cubano revolucionario.

Una de las esas cosas que sucedieron fue la confirmación de otra tradición cubana postrevolucionaria: los ciclos críticos, la expulsión o apertura de fronteras a la emigración (1965, 1980, 1994) acompañados con las mismas manifestaciones contra los "traidores" y el repetido «que se vayan». Otra, fue el replanteo de las políticas norteamericanas de "puertas abiertas" para los refugiados cubanos[170].

Pero la narración de *Balseros* no sólo se compone sólo de imágenes. Aunque de forma menos explícita que *Havana* (Bokova, 1990), aquí el contraste o la secuencia de imágenes harán el mismo trabajo narrativo. Un tipo de "narración contrastiva" —si se me permite— podemos apreciarlo en el momento en que la familia de Rafael se dedica

---

[170] Como veremos más adelante, la administración Clinton (o el "gobierno" de Clinton, para evitar el viejo eufemismo democrático) oficialmente terminó la política de "Open Doors". Sin embargo, este fin ha sido muy relativo: los cubanos refugiados continúan teniendo privilegios en comparación con otros refugiados de otros países.

al culto de la santería, la que luego es seguida por la imagen de una carta sobre las piernas de Oscar que viaja en un avión. Claramente se puede leer: «*Church World Service*». Luego, la misma cámara completa su propia narración: al lado, casi alegórico, un sombrero de paja (guajiro) envuelto en una bandera norteamericana, lo que casi recuerda *Azúcar amarga*.

Este tipo de recursos son frecuentes y forman parte de la narración de *Balseros*, aquella narración que cae en dominio de la pluma de Doménech y fuera del control de las voces narrativas de los protagonistas.

4. las narraciones de los personajes

Las narraciones de los personajes, aunque condicionados por la tijera de los productores, forman parte central de la narración de la película. Es decir, la película, al seleccionar las voces de los personajes está construyendo su propia narración. Pese a lo cual aún podemos hacer la distinción entre un tipo de narración y el otro. Más cuando suponemos que estas voces, si bien han sido seleccionadas, no han sido *producidas* en un sentido clásico, por parte de un guionista. Es decir, aún podemos leer entre líneas, aún es válido una lectura hermenéutica *independiente* de las intenciones de los realizadores de la película. Una lectura hermenéutica, claro, con un objetivo ideológico (tal como citamos a Zavarzaeh). Quizás sea este aspecto el que mejor representa el "valor documental" de la propuesta artística, ya que es el elemento, el texto menos manipulable, al menos de forma consciente.

Un ejemplo podemos considerarlo la leyenda pintada en una de las balsas: En Dios Confiamos. Si bien la alusión no podía ser más directa —a Estados Unidos, al Dólar como símbolo, como Dios—, la misma semántica revela esta absoluta dependencia ideológica: el orden no es natural en español; lo es en inglés —*In God We Trust*. Por si fuese poco, uno de los protagonistas lo repite, por si entre los espectadores hubiese algún analfabeto: «Recuerda que en Dios confiamos». De esta forma, se "diviniza" un objetivo material, económico con una narración pretendidamente trascendente, espiritual. De la narración moderna del marxismo, del discurso socialista de fraternidad y sacrificio —proto cristiano y especie de cristianismo ateo—, *fácilmente* pasamos al discurso del individuo, del hedonismo y del éxito económico (representado en el dólar, símbolo de una religiosidad materialista; pocas cosas tan absurdas y contradictorias como identificar al Dios cristiano con el dinero). El consumismo es, o puede ser, reflejo del hedonismo y del individualismo, pero desde una lectura marxista sería sólo la expresión de una necesidad económica de expansión de los mercados. En *Balseros*, hay una escena que dramatiza este momento. Mientras Misclaida y Juan Carlos discuten sobre qué auto es mejor, una de las voces de *Balseros* le sugiere a Juan Carlos que le dé un beso (a ella), lo que Juan Carlos malinterpreta besando al automóvil. Jean-Françoise Lyotard lo entiende de la siguiente forma, como respuesta, aunque discutible:

This breaking up of the great Narratives [...] leads to what some authors analyze in terms of the dissolution of the social bond and the disintegration of social aggregates into a mass of individual atoms thrown into the absurdity of Brownian motion. Nothing of the kind is happening: this point of view, it seems to me, is haunted by the paradisaic representation of a lost "organic" society. (15)

La idea que Lyotard parece refutar se confirma con los consejos del tío cubano residente en Nueva York a Oscar (seguramente la frase más aplaudida de la película): "*En el sistema capitalista donde tú tienes que resolver tus problemas primero para luego resolver los problemas de alguien. Como problemas uno tiene todo los días uno no puede estar pendiente de los problemas de los demás*". Balseros nos mostrará, más tarde, a un Oscar perdido entre la delincuencia de New York, olvidado de su familia en Cuba.

En el caso de Guillermo podemos ver un cambio dramático en su discurso. Este cambio podemos entenderlo como una "auto narración" que busca justificarlo ante los demás y ante sí mismo. Mientras las primeras imágenes que tenemos de él nos muestran a un hombre rebelde e indiscriminadamente crítico, al final tendremos otra versión del mismo, lo cual podríamos llamar una "versión domesticada", si no fuese porque en esta definición hay una gran carga de juicio y valor.

Cuando vemos a Guillermo en la Sección de Intereses de Estados Unidos, una voz nos narra lo que ya estamos viendo: "lleno de gente, hora tras hora".

Alguien se queja:

—Eso es lo que no comprendo; que haya tantos obstáculos, tanto de un lado que del otro.

—Qué dicen los americanos. Cuál es la verdad. O somos los peones de un juego de ajedrez.

—Esta es la cuarta vez que vengo aquí —dice un Guillermo, de barba gris—. Si no me resuelven hoy, no me queda otra opción que tirarme al mar. Tengo una balsa en la azotea de mi casa.

Y más adelante, ya decidido a "tirarse":

—Esta embarcación se llama... el nombre de mi hija. Nizeli María.

En contraste con el primer Guillermo, se nos presenta Rafael Cano, ambicionando desde el inicio con una vida de perfecto pequeñoburgués. La declaración de intenciones es confirmada, de forma irónica, por una canción que lo persigue a todas partes: «*comprarme una casa, un carro, una buena mujer...*» Igual que Guillermo, pero en un sentido de dirección inversa, Rafael derivará en un fanatismo religioso que contradice sus sueños originales. (E, incluso, su religión inicial).

Rafael, esta persona-personaje, dentro y fuera de la película, es narrado por su propia hermana, lo que revela una psicología que se confirma por las propias palabras de ella: "Y él como es noble se bajó [de la balsa]" El fracaso inicial no interrumpe sus sueños ni el estribillo de la canción: «*un carro, una casa y una buena mujer...*»

En oposición a esta pretensión materialista, se alza el discurso del régimen. Aunque no carente de razón, el hecho de que sea Fidel Castro quien argumente contra este materialismo superficial resta fuerza a la misma crítica:

Uno de los problemas más serios y de las herencias más negativas que nos ha dejado el mundo capitalista desarrollado son sus parámetros de consumo [Una publicidad de automóvil] ha puesto al pordiosero, en las calles de una capital de un país subdesarrollado, a soñar con el automóvil, con la rubia o con la trigueña, y lo asocian, además: si no tiene el automóvil, no tiene a la mujer. (Conde, 155)[171]

La *voz* de *Balseros* —pretendidamente neutral como la de un entrevistador profesional— le pregunta a la hermana de Misclaida, desde detrás de cámaras: "Te importa que te filmemos cuando estás por ahí buscando hombres?" a lo que ella responde que no le importa. Lo cual recuerda a otra documental extranjera, *Havana*, de Jana Bokova, otra

---

[171] Más adelante, el mismo Fidel Castro hace otra observación no carente de lógica (más si consideramos que fue hecha en 1988): "¿Qué ocurriría si cada familia china tuviera un automóvil, y si cada familia india tuviera un automóvil, y si los 400 millones de habitantes que pueblan América Latina tuvieran un automóvil?" (Conde, 157) Esta entrevista realizada por el escritor gallego Alfredo Conde adolece de una excesiva complacencia para con su entrevistado. En ningún momento Conde cruza un centímetro la línea de un buen entrevistador; en ningún momento se arriesga a una pregunta inquisidora.

europea para la cual conocer la vida de una prostituta y al mismo tiempo representarla como un ser humano significa todo un morboso descubrimiento, que seguramente no es tal para los cubanos.

Misclaida es muchos personajes, diferentes según la historia narrada. En *Balseros* como en *Havana* tenemos una sola versión. Pero así como podemos entender un narrador principal de una *ficción realizada*, también podemos entender a estos personajes en su fatalidad. La mención del primer Guillermo a que los cubanos, los balseros eran peones de un juego de ajedrez es una metáfora que se extiende por gran parte de la narración de la película. Especialmente cuando el "problema" se resuelve con un acuerdo bilateral entre los gobiernos de Fidel Castro y Bill Clinton. Esta realidad macro política aparece apenas reflejada en breves imágenes de informativos que fácilmente son reconocidas por el público, tanto el anglo como el hispano en Estados Unidos.[172] Se trata de los movimientos de las piezas principales,

---

[172] Incluso, el joven abogado en derecho de inmigración es un reconocido profesional, habitué de los programas de televisión como *Don Francisco* y *Cristina*. En este sentido, Chanan entiende que "the mass media and new communication technologies produce new forms of addressing the public, in the form of vertical flow, wherein social dialogue is embodied in reductive genres and stereotypes (and open to manipulation by political forces who have learned how to play the game). Fascism, capitalism, and communism inherit this situation and deal with it differently. Capitalism develops practices such as public relations and new management intended to mold and bend public opinion by less than hones means, while, as Walter Benjamin put it in the closing words of his best-known essay,

de la reina, las torres y los alfiles. La partida terminará, como siempre hasta el momento, en tablas. No obstante, en el proceso de medir fuerzas, caerán varios peones. *Balseros* construye la narración de esta partida desde la perspectiva de los peones, lo cual permite identificarnos como público y, quizás por eso mismo, nos dificulta una lectura más crítica de los movimientos estratégicos del juego. Sólo perdura en la narración de los personajes una tradición que vemos repetida desde el siglo XVI en Iberoamérica: al final, la autoridad actúa en beneficio propio; la carne de cañón son, finalmente, siempre los mismos. El sistema de poderes nunca opera en beneficio de los Derechos Humanos sino de los Intereses políticos y económicos. Todo lo demás es discurso —narración ideológica. Misclaida fracasa en su primer intento de tirarse en balsa; vuelve por mal tiempo pero luego debe quedarse en Cuba porque "nos cogió la ley de que ya no se podía ir". Días antes, su madre había representado la alta política urgiendo a su hija a decidirse, porque los que tienen el poder "van al baño a orinar y enseguida se ponen de acuerdo". Lo cual es una forma de desacralizar y desautorizar al poder que decide sus destinos.

Ocho meses después, Miriam le habla a su madre desde Miami a través de una grabación. Es significativo el hecho de que sus primeras palabras no se centran en asuntos emotivos, familiares, domésticos, sino en una autojustificación

---

fascism renders politics aesthetics, and communism responds by politicizing art." (Chanan, 16)

política inmediata: "Estoy un poco nerviosa. Me fui porque sabe que la vida allá no era fácil..." Suponemos que su madre ya lo sabía, pero Miriam necesita confirmarse repitiendo la narración del proceso que la llevó a dejar a su madre sola en la isla. Esta narración, podemos suponer, no sólo considera a la madre como lectora sino al potencial público de la TV catalana. "Quería darle a la niña todo lo que yo no pude tener, quería darle a la niña todo lo que se merece; lo que un día me pida yo dárselo", insiste Miriam, tal vez sin advertir el fuerte perfil materialista de su discurso justificatorio.

Sin embargo, las contradicciones del sistema capitalista no tardan en surgir. Al igual que en el consejo que recibe Oscar en Nueva York, Miriam vive en carne propia la paradoja de su destino: pensaba al llegar a Estados Unidos para pedir a su hija, pero no pudo hacerlo porque no tenía dinero para un abogado.[173] El crítico Guillermo que dejó cuba necesita su propia narración que lo justifique. El exceso de trabajo no le permite otra cosa más que trabajar y distraerse (para recuperar energías y seguir trabajando). Todo, como diría Althusser, impulsado por la *reproducción*

---

[173] Esta paradoja, "Working, working, day and night", fue advertida y formulada por Ernesto Sábato en 1951: "Los teóricos del maquinismo sostuvieron que la máquina, al liberar al hombre de las tareas manuales, dejaría más tiempo libre para las actividades del espíritu. En la práctica las cosas resultaron al revés y cada día disponemos de menos tiempo". (55)

de los medios de producción: "la compañía prospera, nosotros prosperamos y todos felices".[174]

5. La política implícita

Si bien podemos decir que hubo tiempos en que la arbitrariedad no necesitaba justificarse si poseía la fuerza o el monopolio de la violencia, es difícil afirmar que la necesidad de legitimación es propia de los últimos siglos. Para Althusser ambos elementos conviven aún. Aunque con cierta redundancia, lo resume así: "el aparato (represivo) de Estado, «funciona mediante la violencia», mientras que los

---

[174] "[...] Para existir, toda formación social debe, al mismo tiempo que produce, y precisamente para poder producir, reproducir las condiciones de su producción". (106)
La fuerza de trabajo se reproduce fuera de la empresa. Su cualificación debe operarse al margen de la producción: "A diferencia de lo que ocurría con las formaciones sociales esclavistas y de servidumbre, esta reproducción de la calificación de la fuerza de trabajo tiende (se trata de una ley tendencial) a ser asegurada, no ya «sobre la marcha» (aprendizaje en la producción misma) sino cada vez más al margen de la producción: por medio del sistema escolar capitalista y mediante otros procedimientos e instituciones". (110) "[...] la reproducción de la fuerza de trabajo exige, no sólo una reproducción de su cualificación, sino también, y simultáneamente, una reproducción de sumisión a las reglas del orden establecido, es decir, a una reproducción de sumisión de la ideología dominante por parte de los obreros y una reproducción de manejar convenientemente la ideología dominante por parte de los agentes de la explotación y la represión, a fin de que aseguren también «mediante la palabra» el dominio de la clase dominante". (111)

aparatos ideológicos de Estado funcionan *mediante la ideología*" (124)

Lyotard ve en el imperialismo contemporáneo la existencia de un rasgo inmanente: "It is the entire history of cultural imperialism from the down of Western civilization. It is important to recognize its special tenor, which sets it apart from all other forms of imperialism: it is governed by the demand for legitimation." (27)

Por nuestra parte, no vemos un momento en nuestro tiempo dónde la "legitimación" no sea un requisito imprescindible. Probablemente no era considerado en tiempos del Gengis Kan, pero en el resto de la historia lo ha sido casi de forma ininterrumpida. Lo es hoy para cualquier grupo ideológico, como antes era la base del predominio religioso y social de la iglesia. En nuestro tiempo esta legitimación, como lo sugiere Lyotard, se basa en un discurso, en la construcción de una narración que supere sus propias contradicciones, "any imaginary resolution of real contradictions". (xix) No obstante, tampoco podemos decir que sea propiedad privada del poder, de una dictadura o del imperialismo.

Cuando en *Azúcar amarga*, uno de los personajes, Bobby, se inyecta sangre con sida, lo hace ante una cámara filmadora responsabilizando del hecho al gobierno. El recurso se parece a otro más real: cuando Reinaldo Arenas se suicida en Estados Unidos, deja una carta culpando directamente a Fidel Castro de su muerte. No culpa a la misma tragedia de su enfermedad (también padecía de sida), ni a las marginaciones que sufrió en Miami —como lo reconoce en *Havana* (1990) y en *Antes que anochezca* (1994).[175] Lo que da una idea cómo se puede ver la realidad desde un lente puramente ideológico. Esto queda demostrado, tanto de un lado como del otro del abismo ideológico, en las entrevistas realizadas por Jana Bokova en *Havana*: la experiencia es irrelevante; lo que importa es la *narración* que cada uno se hace para justificar su vida, sus *sufrimientos* o su *felicidad*. Lo cual no significa que todo sea relativo, sino que cuando hablamos de Cuba ya no podemos suspender un solo instante los discursos político-ideológicos preestablecidos.

Havana muestra la misma decadencia económica que *Azúcar amarga*. Superpuesto y contrastado con estas imágenes, también aparecen los discursos y las leyendas pintadas en las paredes anunciando un triunfo que nunca llegó. En el caso de la primera, además hay una intención de documental, como en *Balseros*, pero además una serie de entrevistas que pretenden acentuar estos contrastes del discurso individual (absorbido) y la realidad circundante. La realidad no ha cambiado. Sin embargo, el discurso es otro. La narración es otra: una anciana es presentada en la pobreza mientras ella sume un discurso existista. A pesar de su edad, su voz adquiere el entusiasmo y la energía de la Gran Voz: "La vida es diez veces mejor. Ahora todos comemos lo mismo, parejo. Yo vivo contenta con la revolución. —con

---

[175] «Yo, desde el punto de vista legal no existo. Soy disidente, no soy religioso, soy homosexual y anticastista».

voz afectada—: Mi familia eran todos revolucionarios... Teníamos la confianza de que *íbamos a ganar*. Dios en el cielo y Fidel en la tierra. Patria o muerte. *Y digan a todos de lo que estamos disfrutando*".

La narración de felicidad, indiferente a cualquier realidad adversa, es discursiva. No es diferente a la narración de los exiliados que se exigen una narración *exitista* en Estados Unidos. Como lo es el caso de Guillermo en *Balseros*.

El contraste discursivo aparece con el hijo. En voz casi inaudible pregunta: "¿Para qué dice eso?". También su rostro en silencio revela una disconformidad reprimida. Los gestos de la anciana reflejan viejas discusiones con el joven: "Es la verdad —dice ella— ¿Estoy diciendo mentira?"

Semejante contraste, semejante narración del éxito político, independientemente de la experiencia, podemos apreciarlo en *Balseros*, cuando en un discurso urbano el oficialismo repite por los altoparlantes las gastadas palabras de «Patria o muerte, venceremos. Viva Raúl, Viva Fidel. Viva Cuba libre». Las dos primeras frases son sólo publicidad: es una declaración de guerra. La última frase, claro, es parte fundamental de la narración ideológica, que sirve tanto a griegos como troyanos.

No podemos soslayar en ningún momento el componente político y politizador de las narraciones que de alguna forma se refieren a Cuba. Mucho menos en el cine, medio masificador en comparación al texto escrito. "Politics in Cuban cinema —dice Chanan— is not a subtext that either filmmaker or the critic can include or leave out; it is the inevitable and ever-present intertext of the aesthetic, and its constant dialogue with the political". (12) Más adelante lo confirma con otra idea: "[It is] impossible to understand Cuban cinema on a theoretical basis that separates politics and art [...] This dialogue allows that cinema screen to became more than either propaganda or a diversionary space, but a crucial preserve of public speech [...]" (18)

Si bien *Balseros* no podemos clasificarla como parte completa del "Cuban cinema", sí podemos entender que no escapa a esta realidad, a esta implícita "lectura política" del texto llamado Cuba.

6. Datos metatextuales del conflicto

Desde el comienzo hemos tomado partido por la tesis del componente político-ideológico en la estructuración de las narraciones que se entrecruzan en *Balseros*. Lo mismo hemos dicho sobre aquellas narraciones que están implícitas en el texto fílmico pero que no aparecen representadas, al menos no de forma denotativa.

La macro política no escapa a estas reglas maquiavélicas de juego. Según los redactores del estudio "The End of the Cuban Contradiction in U.S. Refugee Policy",

> Between 1959 and 1995, U.S. refugee policy towards Cubans was not based on humanitarian equality, as eventually mandated the Refugee Act of 1980, but was defined

by anti-communist political agenda. [From 1962 until 1994] over 1 million Cubans received preference over refugees from other nations through an "open door" to the United States" (Nackerud 177)

Como dicen más adelante sus autores, los cubanos no fueron los únicos refugiados que emigraban a Florida. En 1980, 60.000 haitianos habían entrado a Florida buscando refugio. Durante el mismo período, medio millón de centroamericanos llegaron a Estados Unidos buscando refugio político. Mientras que los cubanos recibían refugio casi automático, "people asking for sanctuary from right-wing dictatorship supported by the U.S. government had to prove a well-funded, individual fear of political persecution". (181) Y más adelante: "As demonstrated by the Mariel Crisis, the preferential of Cuban continued despite the Refugee Act of 1980, which was intended to bring U.S. refugee policy in line with internationally developed humanitarian norms". (182) Las mismas observaciones hacen Walt Vanderbush y Patrik Haney, en "Policy toward Cuba in the Clinton Administration", para los cuales la política norteamericana sobre "refugiados" en su lucha "humanitaria" ha tenido "a double standard relative Cuban exile" en comparación con otros refugiados como los haitianos (392), y Kevin McHugh, Inés M. Miyares y Emily H. Skop. (505)

Sin embargo, a partir de 1994, debido a los acontecimientos referidos por *Balseros*, hubo un cambio que significó un cierre oficial de la anterior política de "puerta abierta".[176] El acuerdo de 1995 consistió en otorgar 20.000 visas norteamericanas a los cubanos. Parte del acuerdo incluyó que Castro no estimulara esta emigración masiva, es decir, que conservara las fronteras cerradas. (181)

Según los autores "The End..." de la Universidad de Georgia, la crisis de los balseros de 1994 fue una consecuencia conjunta de los efectos del embargo estadounidense y su política de "puertas abiertas", exclusiva para aquellos cubanos que se arriesgaran a llegar en balsa a Estados Unidos. (186) La contradicción es expresada por el mismo Guillermo, cuando ante las puertas de la embajada de Estados Unidos en Cuba, se queja de que ambos países han puesto a los habitantes entre la espada y la pared. Guillermo echará al olvido todas estas circunstancias, una vez instalado en Estados Unidos y hará suyo un discurso exitista, que lo justifique, que lo represente como grupo exiliado. De esta forma, podemos ver que las narraciones se transmiten como el idioma: no importa la diversidad de inmigrantes con distintas lenguas; tarde o temprano terminarán hablando la misma, la hegemónica.

Access to data is, and will continue to be, the prerogative of experts of all stripes. The ruling class is and will continue to be the class of decision makers. Even now it is no longer composed of the traditional political class, but of a

---

[176] Se puede encontrar "Joint Communiqué on U.S.-Cuba Immigration Agreement" del 4 de Setiembre de 1994 en *U.S.-Cuban Relations in the 21st Century*, de Brenard W. Aronson y Wiliam D. Rogers.

composite layer of corporate leaders, high-level administrators, and the heads of the major professional, labour, political, and religious organizations. (Aronson, 14)

Consecuente con esto, Frederic Jameson escribe que "for Habermas, indeed, postmodernism involves the explicit repudiation of the modernist tradition —the return of the middle-class philistine or *Spiessburger* rejection of modernist forms and values —and as such the expression of a new social conservatism". (xvii) Parte de este drama, de esta manipulación maniquea de los poderes en disputa consiste en la *simplificación de alternativas*. Para Carlos Bosch, director de *Balseros*,

el éxodo de los balseros cubanos debe ser interpretado como un éxodo económico, [pero] como desgraciadamente no les dan permiso para regresar más que con cuenta gotas, automáticamente ellos se convierten en emigrantes políticos, en el sentido de que no se han querido exiliar sino que se han ido, como la mayoría de los emigrantes en un momento de desespero, hacia donde sea. Y lo más cercano era los Estados Unidos. (Favella)

Por otro lado, la cita inicial del libro *Balseros*, de Felicia Guerra y Tamara Álvarez-Detrell revela, por motivos que se les escapa a sus autores, el trasfondo del drama cubano: "*La condición cubana se convierte en una disyuntiva relativamente sencilla: o se es solidario con el palacio de la Revolución en La*

Habana, o se vive en Miami". (12)[177] Esta cita es representativa de todo el libro. Aunque este libro pretenda confirmar de forma implícita esta disyuntiva, no puede resolver o no es consciente de la arbitrariedad de su postulado. Y aquí podemos entender no sólo una radicalización ideológica, no sólo una simplificación, sino el perfil dogmático de los entrevistados: su oposición a un régimen que consideran injusto se resuelve con la propaganda —cubanoamericana— que podríamos definirla como la narración más simple, muchas veces carente de historia o de discurso. La opción artificial de "se está de un lado o del otro", resuelve de forma autoritaria y arbitraria que no puede haber otras opciones. ¿Por qué los refugiados cubanos no optan por otro país? Incluso, dentro de Estados Unidos la opción es mayoritariamente Miami. ¿Por qué? Por una razón de sobrevivencia, podrá decirse. Sin embargo, ¿por qué, para oponerse al régimen castrista, desde un punto de vista de una reivindicación humana y no política o económica, es necesario cruzar la línea y ponerse de lado de Estados Unidos, de la cerrada ideología de Miami?

Uno de los entrevistados de Guerra y Álvarez-Detrell, Eduardo, sintetiza esta actitud: "[Después que Hermanos al Rescate me recogieron] me dijeron si quería ir para Puerto Rico, para la casa de la familia. Yo le dije que no, que por

---

[177] Cita atribuida a Fogel y Rosenthal: *Fin de siglo en La Habana.*

el momento no quería ir. Y me destinaron a Alburquerque, y aquí estoy". (Guerra, 21)

En todas las entrevistas se habla de la opresión del régimen castrista. Lo cual es válido. Pero eso no quita que también sea una justificación con otras motivaciones. ¿Por qué todos estos testimonios no incluyen a un anticastrista que también rechace la ideología norteamericana?

Entre la película *Balseros*, de Doménech y el libro *Balseros*, de Guerra y Álvarez-Detrell hay una gran diferencia narrativa. El primero está narrado desde una perspectiva ideológica crítica a la ideología de Miami; el segundo, aunque más evidente, es una escritura totalmente opuesta. En común sólo tienen la pretensión de ser "documentos" —documentales— basados en entrevistas a los cubano que sobrevivieron a la aventura de 1994. En cualquier caso, los protagonistas son instrumentos de dos maquinarias en conflicto.

Bibliografía

Althusser, Louis. *Escritos*. Barcelona: Editorial Laia, 1974.

Aronson, Brenard W. and Wiliam D. Rogers *U.S.-Cuban Relations in the 21st Century*. New York: Council of Foreign Relations, 1999.

Azúcar Amarga. Dir. León Ichaso. Rep. Dominicana-Estados Unidos, 2004.

Balseros. Dir. Carles Bosch y Josep Mª Doménech. Perf. Mericys González, Oscar del Valle, Rafael Cano, Miriam Hernández y Guillermon Armas. TV Catalana. Cuba-España, 2002.

Chanan, Michael. *Cuban Cinema*. Minneapolis: University of Minnesota Press, 2003.

Conde, Alfredo. *Una conversación en La Habana*. Madrid: Ediciones El País/Aguilar, 1989.

Guerra, Felicia, Tamara Álvarez-Detrell. *Balseros: Historia oral del éxodo cubano del '94*. Miami, FL: Ediciones Universal, 1997.

Havana. Dir, Jana Bokova, Cuba-Estados Unidos, 1990.

Lejanía. Dir. Jesús Díaz. Cuba, 1985.

Lyotard, Jean-Françoise. *The Postmodern Condition: A Report on Knowledge*. Minnesota: University of Minnesota Press, 1984.

McHugh, Kevin, Inés M. Miyares and emily H. Skop. "The Magnetism of Miami: Segmented Paths in Cuban Migration" *Geographical Review* 87 (1997): 504-519

Memorias del subdesarrollo. Dir. G. Gutiérrez Alea, ICAIC, Cuba, 1968.

Nackerud, Larry, Alison Springer, Christopher Larrison and Alicia Isaac. "The End of the Cuban Contradiction in U.S. Refugee Policy" *IMR* 33-1 (1999): 176-192.

Sábato, Ernesto. *Hombres y engranajes. Reflexiones sobre le dinero, la razón y el derrumbare de nuestro tiempo*. Buenos Aires, Emecé, 1951.

Vanderbush, Walt y Patrik Haney. "Policy toward Cuba in the Clinton Administration". *Political Science Quarterly* 114 (1999): 387-408.

Zavarzaeh, Mas'ud. *Seeing Films Politically*. New York: State University of New York. Press. 1991.

Historias mínimas

Carlos Sorin, 2002

En ocasiones, el titulo de una obra, ya sea literaria, fílmica o de cualquier otro género artístico, suele aludir a una realidad opuesta a la que se pretende expresar o escenificar. Es el caso de la película "La ciudad de la alearía" o de varias pinturas surrealistas, donde el título pretendía negar la evidencia de la imagen. En otras ocasiones –la mayoría de las veces- suele ocurrir lo contrario y el titulo vale como introducción a la obra misma.

Es el caso de *Historias mínimas*. En esta película se reúnen un puñado de historias deliberadamente sencillas y provocadoramente humildes, las que se apoyaran con un recurso técnico austero y "neorrealista". Quizás lo que tienen en común estas tres o cuatro historias no es la lógica silogística de las tramas del género policial o de misterio, sino algo más parecido a la realidad cotidiana, dominada por la contingencia y no por la "necesidad" de los acontecimientos. Comparten un espacio común (un pueblo casi desconocido en medio de la Pampa argentina) y, probablemente, una característica nacional que se ha ido instalando progresivamente en las sociedades del Cono Sur: cierto aire de resignación y de fracaso persiste en esta película desde el comienzo y se confirma, de forma escalofriante, al final.

En *Historias mínimas* existe un deliberado intento por resaltar la soledad. Sus protagonistas viven en un pueblo-isla de la Pampa (forma de mar sin agua). La modernidad pasa violentamente a su lado (cada tanto el silencio y la humildad del lugar se ven interrumpidos por el estrépito de un ómnibus o de un camión que pasan sin detenerse un instante: pasan y son vistos por sus pobladores, con parsimonia). Pero la modernidad pasa y también *salpica*: el pueblo tiene ondas parabólicas y televisión. Mientras el viejo del perro divierte a los niños moviendo las orejas, una humilde muchacha comienza a soñar con las luces de un programa de televisión, al cual es invitada por el azar.

La Argentina del "no se puede" se va reflejando en la negativa del hijo del viejo, cuando este manifiesta su intención de ir a buscar a su perro. Pero el viejo, en una actitud de anciano terco y adolescente rebelde, se emprende en un viaje quijotesco. Es quijotesco no solo por la dificultad de la empresa (su perro está a trescientos kilómetros) sino que también lo es por el aparente absurdo de su objetivo. Sin embargo, lo que para todos es un absurdo no lo es para el viejo: "Ese perro es el único que sabe quién soy yo", confiesa el viejo casi al final.

Creo que este viaje le sirve también a Soria para introducir al personaje del viejo en un contraste con el mundo moderno (el comienzo del viaje con la joven bióloga) y también con dos tipos psicológicos muy comunes en la Argentina y el Uruguay rural: la ociosidad de los funcionarios públicos (los guardias) y la amistad incondicional del resto de los personajes.

Otro de los hilos conductores que articulan una de las tres historias mínimas es el periplo de la torta de cumpleaños. El personaje que pretende conquistar a una mujer es obsesivamente meticuloso, lo cual es reconocido por él mismo. Esta manía por la perfección y los detalles que pueden afectar un acontecimiento largamente esperado, lo llevaran a un fracaso estrepitoso (el mismo destruye la torta que tanto trabajo le costó y que tanta molestia costó a los demás, y la destruye también por un mal entendido). En esta historia mínima, Soria recurre a algunas repeticiones. Para subrayar el carácter obsesivo del personaje, repite varias veces las mismas situaciones: cada vez que la torta de cumpleaños lo lleva a un lugar, y mientras habla con una mujer, la cámara y el personaje se detienen en las fotografías de los maridos que cuelgan en las paredes. "Yo perdí a mi mujer por los celos", reconoce el personaje mientras mira una escena similar en la televisión. La solidaridad de los personajes y, sobre todo, de los personajes secundarios se repite.

Quizá sea en esta historia mínima y en el personaje del vendedor donde más patente se hace la idea de estar perdido en un laberinto: en un laberinto dialéctico, en un laberinto psicológico, en un laberinto físico (el vendedor ha recorrido más de dos millones de kilómetros) y, tal vez, en un laberinto social y político –a pesar de que la política y la problemática social en ningún momento están expuestas de forma explícita.

El final confirma la sospecha: los personajes principales no triunfan, como en Hollywood; o si triunfan sus logros son mínimos, son logros que se parecen más al fracaso que al éxito: el viejo ha alcanzado su meta absurda, el vendedor regresa luego de haber vomitado la torta, luego de haber frustrado su objetivo por cuenta propia, aunque involuntaria, y la joven regresa de su largo viaje a la fama con un premio ridículamente insignificante.

En recientes discusiones con críticos amigos, quienes apoyan de forma entusiasta la aparición de nuevos recursos técnicos en el arte como una forma de expandir de la expresión (valga la cuasi-redundancia), he sostenido que no necesariamente la expresión artística depende de los nuevos y sofisticados recursos técnicos. Creo que una de las premisas básicas del arte ha sido la búsqueda por la economía de los recursos de expresión. Lo demuestran las más grandes obras de arte: *menos es más*. De esta forma, se entiende por qué la fotografía en blanco y negro puede ser (y frecuentemente lo es) superior a la fotografía en colores: el blanco y negro pone el acento en la forma y es aquí cuando la renuncia de un recurso se convierte en profundización de la expresión. Fue el caso, supongo, de la película "La lista de Schindler" y de otras en que la proeza no estuvo en sumar efectos especiales sino, precisamente, en restarlos. ¿Qué no es el Haikus sino la economía literaria llevada a su máxima expresión?

Si bien esta película no está excesivamente ambientada por el recurso musical, la música aparece como un elemento sutil y repetitivo con el cual el espectador termina por asociar las historias. Se repite el uso de primeros planos: la expresión de los rostros es importante (incluso cuando el perro es el protagonista), sobre todo del rostro del viejo que habla poco y expresa mucho, todo lo contrario al vendedor y a la muchacha. El movimiento de la cámara suele apoyar la idea de un viento agresivo, en ocasiones, acentuando la idea de intemperie y de vulnerabilidad.

La renuncia del sonido, a veces del dialogo, para descubrir lo que los sonidos y las palabras en exceso suelen cubrir, es una de sus constantes. *Historias mínimas* no es la primera ni la última película que hace uso de este recurso; pero es un hermoso ejemplo de una sabia continuidad. Sabemos que desde el fin de la Edad Media las continuidades no son bien venidas en arte, que son las novedades y los parricidios los que han pasado a ser objeto de culto y veneración. Sin embargo, cuando las continuidades pertenecen a ese reducido conjunto de pequeñas obras maestras, el maltrecho y subestimado espíritu humano lo agradece.

Índice temático

Aleandro, 28, 46, 111, 121
Alejo Carpentier, 233, 236
Alemania, 12
Alfaro, 17
Alfredo Guevara, 11, 49
Alhtusser, 258
Alterio, 32, 109
Argentina, 13, 15, 17, 19, 28, 34, 42, 46, 115, 120, 121, 185, 272
Arijón, 17
Aristaran, 26, 47, 185
Balseros, 229, 237, 239, 240, 242, 243, 244, 245, 246, 247, 248, 249, 250, 251, 252, 254, 255, 260, 261, 262, 263, 265, 267, 268
Banderas, 204
Bechis, 17
Becht, 11
Benedetti, 204, 242
Bernal, 97, 204
Bhagavad-Gita, 171
Blacker, 7, 45
Blaustein, 17
Bokova, 221, 222, 228, 249, 254, 260, 268
Bordwell, 146
Bosch, 237, 243, 265, 268
Brecht, 26, 50, 201
Buñuel, 63, 65
Burgoyne, 47, 142, 144, 148
Bursaco, 187, 190, 191
Bush, 61
Cabrera Infante, 236
Campanella, 28, 46, 107, 113, 114, 117
Campbell, 195
Cantinflas, 203
Carlos Rebolledo, 12
Castro, 64, 68, 72, 221, 222, 240, 243, 254, 255, 259, 264
Chaplin, 65
Che Guevara, 156, 159, 165, 170, 198, 201, 203
Chile, 11
cine imperfecto, 48
Cine Latinoamericano, 8, 9, 11, 12, 46, 131, 200, 239
Clinton, 240, 243, 249, 255, 263, 269
Colombia, 14, 46, 134, 140, 141, 147, 168
Concolorcolvo, 195
Cuba, 13, 14, 15, 46, 49, 50, 53, 55, 59, 61, 62, 66, 69, 71, 72, 123, 124, 125, 126, 205, 207, 218, 219, 221, 222, 224, 226, 227, 235, 237, 244, 245, 248, 252, 256, 260, 261, 262, 263, 264, 268, 269
Darín, 30, 46, 107
de La hora de los hornos, 13
Domènech, 237
Drexler, 204

Eliade, 195
España, 63, 78, 244, 268
Estados Unidos, 59, 83, 204, 218, 219, 225, 228, 229, 230, 235, 238, 240, 241, 243, 247, 251, 253, 255, 257, 259, 261, 263, 264, 265, 266, 268
Eva Perón, 15
Filippelli, 17
Flitterman-Lewins, 47, 142, 144, 148
Fons, 153
Fukuyama, 19, 20, 120
García Espinosa, 48, 71
García-Borrero, 127
Gardel, 215
Gaviria, 14, 46, 179
Getino, 14, 46
Gordillo, 18
Grandos, 195
Granma, 126
Grünter, 20
Guantanamra, 208
Gutiérrez Alea, 14, 46, 48, 53, 55, 56, 61, 64, 66, 68, 69, 71, 75, 76, 123, 128, 205, 207, 208, 269
historia oficial, 17, 42, 46
Hollwood, 37
ICAIC, 49, 55, 205, 213, 269
Ignacio Ramonet, 7
Jakobson, 205
Jameson, 223, 265
Julio García Espinosa, 13, 48, 127, 131
Kafka, 61, 64
Kamchatka, 18, 42, 46
Kauderer, 47, 185
Lezama Lima, 223, 230, 236
Luppi, 26, 186
Lyotard, 223, 243, 244, 245, 252, 259, 268
Marcha, 19, 20, 120
Martí, 50, 66, 68, 72, 224
Menem, 29, 121, 198
México, 11, 35, 42, 46, 89, 116, 126, 159, 168, 169, 170, 240, 247
Miguel Littin, 11
Nicolás Guillén, 231, 236
Nietzsche, 201
Ortega, 153, 201, 216
Ortega y Gasset, 201, 216
padre Amaro, 39, 46, 83, 84, 85, 86, 87, 89, 90, 91, 92, 93, 94, 95, 96, 97, 98, 99, 100, 101, 102, 104, 105, 106
Paul Ledux, 11
Pianca, 19, 20, 26, 28, 46, 120, 121
Pick, 40, 46, 47
Pilotti, 17
Posmodernidad, 36, 102
Puenzo, 17
Rama, 19, 20, 120
Reinaldo Arenas, 222, 223, 224, 235, 236, 259
resistencia, 7, 10, 22, 36, 40, 44, 80, 150, 174, 175, 176, 182, 185, 192
road movie, 202
Robles, 153
Salles, 195, 204
Schumann, 12

Selles Gómes, 47
Senel Paz, 125
Shakespeare, 171, 202
Solanas, 14, 46
Sorin, 271
Subdesarrollo, 53, 54, 57, 58
Suiza, 136
tango, 32, 110, 139, 140, 215
Tlatelolco, 153, 162, 168, 176
Túpac-Amaru, 78
Uruguay, 19, 46, 120, 168, 272

Utopía, 7, 11, 14, 44, 56, 207
Vallejo, 46, 133, 134, 135, 136, 138, 141, 142, 147, 150
Viña del Mar, 11
Virgilio Piñeda, 236
Zavarzaeh, 9, 23, 24, 36, 37, 40, 47, 62, 65, 67, 69, 102, 103, 129, 173, 174, 176, 244, 245, 246, 250, 269
Zorro, 31, 32, 35, 36, 109, 118, 119, 196, 204